➤ 실전 ◄
가상화폐사용설명서

1시간 만에 끝내는 가상화폐 투자전략

→ 실전 ←
가상화폐사용설명서

오다 겐키 지음 | 김태진, 조희정 옮김

Bitcoin

기회는 여전히 열려 있습니다

― 김영만 비트포인트코리아 대표이사

미국발 금융위기 이후 중앙집권화된 금융질서에 대한 반발로 '탈중앙화'를 표명하며 탄생한 비트코인이 전 세계 금융시장에 일대 파란을 일으키고 있습니다. 단지 한때의 신기루로 치부하기에는 그 성장세가 매섭습니다. 국내에서도 올해 들어 가상화폐 거래량이 급증하며 코스닥 일일 거래대금까지 뛰어넘었습니다.

그러나 가상화폐에 대한 기본적인 개념조차 없이 무조건적인 투기로 치닫는 세태를 보자면 안타깝기 그지없습니다. 적어도 자신이 투자하는 대상이 무엇인지에 대한 근본적인 이해가 선행되어야 합니다. 이 책은 가상화폐라는 단어가 생소한 사람들을 위해 그 개념과 원리를 간결하고 명쾌하게 풀어낸 입문서입니다. 독자는 이 책을 통해 가상화폐가 무엇인지, 그 핵심 기술은 무엇이고, 앞으로 가상화폐가 어떤 방향으로 발전해 나갈 것인지와 같은 근본적인 물음에 대한 답을 얻을 수 있을 것입니다.

저는 우연히 이 책의 저자인 오다 겐키를 만날 기회가 있었고, 그와 함께 가상화폐시장의 현황과 발전 방향에 대해 이야기를 나눌 수 있었습니다. 가상화폐의 가능성과 자신의 확고한 비전을 전달하던 저자의 진정성 있는 태도, 그리고 그가 지닌 가상화폐에 대한 지식의 깊이와 통찰력에 감탄했던 기억이 있습니다.

오다 겐키는 비트포인트라는 가상화폐거래소를 직접 설립하고 운영하며 지금까지 가상화폐의 성장기를 오롯이 지켜봐 온 전문가입니다. 비트포인트는 일본 가상화폐거래소 중 유일하게 종합 증권사 수준의 견고한 보안시스템을 갖추고 있습니다.

저자는 가상화폐가 투자 수단을 넘어 실질적인 결제수단으로 자리매김하는 데 앞장서고 있습니다. 그 노력의 결과로, 일본 전역의 10만여 개 소매점은 물론, 항공사에도 비트코인 결제 시스템을 도입하고 있습니다. 또한 중국, 대만, 홍콩, 그리고 대한민국에 이미 비트포인트 네트워크를 구축한 상태이며, 거래소를 넘어 글로벌 가상화폐 결제 플랫폼으로 성장시킬 비전을 갖고 있습니다.

일본은 지난 4월 비트코인을 정식 결제수단으로 인정하며 가상화폐에 대한 기대감이 더욱 커진 상황입니다. 머지않아 대한민국도 관련 법제도가 도입되고, 가상화폐 결제가 보편화되는 날이 다가올 것입니다.

독자들이 쉽고 친숙하게 가상화폐를 접하고, 그 개념과 원리를 더 깊이 있게 이해할 수 있도록 쓰인 이 책이 대한민국 독자들에게 선보이게 된 것을 기쁘게 생각합니다. 가상화폐를 거래하는 대한민국의 독자들이 이 책을 통해 가상화폐에 대한 기본적인 지식을 갖추고 가상화폐의 진정한 가치를 이해할 수 있는 계기가 되기를 바랍니다.

여러분은 '비트코인'이라는 말을 들으면 어떤 생각이 가장 먼저 떠오르나요?

"잘 모르겠다."

"나와는 관계없는 일이다."

만약 이러한 생각이 든다면…… 정말 안타까운 일입니다.

가상화폐의 일종인 비트코인에는 다양한 매력이 있습니다. 또한, 잘만 사용한다면 우리에게 많은 이로움을 가져다 줄 수 있습니다.

"무섭다."

"수상하다."

당연히 이러한 부정적인 이미지도 있습니다만, 그것은 오해에 불과합니다.

2014년, 비트코인 교환사업자(가상화폐거래소)의 도산을 보도한 뉴스가 큰 화제에 올랐습니다. 하지만 이는 하나의 가상화폐거래소가 파탄한 것일 뿐, 비트코인 자체에 문제가 있는 것은 아닙니다. 공항에 있는 환전소 한 곳이 도산했기 때문에 외화는 위험하다, 라고 생각하는 것과 같은 맥락입니다.

비트코인 그리고 비트코인을 지탱하는 블록체인이라고 하는 기술은 금융의 세계에서 매우 높게 평가받고 있습니다. 일본에서는 2016년 5월 25일에 '개정자금결제법'을 가결해, 지난 2017년 5월부터 비트코인이 결제수단으로서 법적 인정을 받았습니다. 이로써 은행 등 다른 금융기관에서도 가상화폐를 취급할 가능성이 커지고 있으며, 일상적인 경제활동에서도 보다 손쉽게 가상화폐를 사용할 수 있게 되었습니다.

이미 일본 내의 대형 은행에서는 블록체인의 기술을 바탕으로 한 금융 서비스의 개발을 본격적으로 진행하고 있습니다. 사회 곳곳에서 비트코인이 당연한 것처럼 사용될 날도 머지않았습니다. 블록체인의 시스템이 우리의 생활을 조금씩 바꾸어가고 있다고 말할 수 있습니다.

저 또한, 1년 전까지만 하더라도 비트코인에 대해 충분한 정보와 지식을 갖고 있지 않았습니다. "무언가 위험하고 불안정한 것이기 때문에 아직은 몰라도 된다" 정도로만 생각하고 있었습니다.

그런데 알면 알수록 그 무한한 가능성에 대해 공감하게 되었고, 이렇게 유익한 정보를 많은 사람과 공유하게 되면 좋지 않을까 하고 생각하게 되었습니다.

그러던 중, 보다 많은 사람에게 비트코인을 포함한 가상화폐를 구입할 수 있는 장소를 제공하고자 일본에서는 아홉 번째가 되는 가상화폐거래소를 2016년 3월에 설립하였습니다.

필자는 지금도 주변의 수많은 지인에게 "비트코인은 안전한가?" 라는 질문을 받고 있습니다. 가상화폐가 결제통화로서 일반적으로 사용될 가능성이 점점 커지는 가운데, 여전히 많은 사람이 가상화폐에 대한 올바른 지식과 정보를 갖고 있지 못한 상황입니다.

비트코인이나 가상화폐를 포함한 금융기술인 '핀테크'에 관한 책도 출판되고 있으며, 내용과 정보 면에서 모두 완성도가 높습니다. 그러나 비트코인을 보다 폭넓게 알리기 위해서는 좀 더 쉽고 편안한 방법으로, 가상화폐가 누구에 의해서 어떤 목적으로 개발된 것인지 설명하고, 그 매력과 사용처 등에 대해서도 보다 실용적인 관점에서 기술할 필요가 있지 않을까 생각하게 되었습니다.

그래서 아래와 같이 단순하지만, 분명한 대상을 목적으로 이 책을 출간하였습니다.

- 비트코인에 대해 알고 싶지만 지식과 정보의 접근이 어려운 사람들
- 금융기관에 근무하고 있으면서 가상화폐에 대해 알고 싶지만 어렵게 느끼는 사람들
- 해외로 송금할 일이 많아서 수수료에 부담을 느끼는 사람들
- 비트코인을 능숙하게 사용함으로써 매매나 대금 지불을 통해 금전적인 이득을 경험하고 싶은 사람들
- FX 마진거래나 주식투자의 경험은 있으나, 가상화폐 거래의 경험이 없는 사람들

이 밖에, '가상화폐'보다는 '암호통화'라고 부르는 것이 본질적으로 더 올바른 표현이라는 점, 법정통화보다 가상화폐가 더 안전하다고 여기는 나라도 있다는 점, 일본의 주요 금융기관이 가상화폐 기술을 채택하고 있으며 앞으로 가상화폐를 취급할 가능성이 높다는 점, 송금 및 결제 수수료가 싸고 다양한 이점이 있다는 점 등······ 비트코인의 구조와 매력을 보다 알기 쉽게 전달하고자 하는 필자의 바람이 이 책에 모두 담겨 있습니다.

현재, '제한된 공간과 사람들 사이에서만 사용되고 있는 통화'인 비트코인이, '많은 사람이 일상생활 속에서 흔히 사용할 통화'가 될 날도 그리 멀지 않았습니다. 지금 비트코인에 대해 보다 많은 정보와 지식을 갖추게 된다면, 남보다 빠르게 일상적 경제활동에 적용

할 수 있으며, 투자를 통해 이익을 얻을 가능성도 커질 것입니다.

　많은 사람이 비트코인과 가상화폐에 대해 올바른 지식을 가지고, 그 매력에 친근감을 느끼고, 일상생활에서 사용하게 될 수 있기를 바랍니다.

　이 책이 그 계기가 된다면 저로서는 기쁘기 그지없을 것입니다.

오다 겐키

가상화폐에 대한 지식을 전달하는 두 사람

비트 씨

이렇게 보여도 2009년에 태어난 일곱 살. 가상화폐의 유래와 이용 방법에 대해 상세히 알고 있으며, 올바른 활용 방법을 전달하기 위해 시간과 장소를 가리지 않고 열정적으로 강의한다.

코인 씨

대형 IT기업에서 일하고 있다. 자산운용 등의 경험은 없으나, 적은 금액으로도 시작할 수 있는 가상화폐 투자에 본격적으로 입문하고자 매일 비트 씨의 강의를 듣고 있다.

제1장

비트코인으로 가능한 일

b i t c o i n

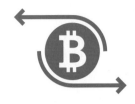

비트코인은 어디에 사용할 수 있는가

　비트코인이란, 인터넷상에서 발행, 거래되는 가상화폐의 한 종류입니다.

　'가상'이라는 단어가 들어 있어 '허상의 돈인가', 또는 '사용할 수는 있는 건가'와 같은 의문을 가지기 쉽지만, 보통의 돈(법정통화를 말합니다)과 똑같이 사용하는 것이 가능합니다.

　지폐나 동전처럼 물리적인 형태가 아닌 인터넷상에 존재하며, 안전한 거래를 위해 암호화 기술이 사용되고 있기 때문에 '암호통화'로 불리기도 합니다.

　지폐와 동전 같은 실물이 아닌 비트코인. 이 화폐는 도대체 어디에 쓸 수 있을까요. 우선 비트코인으로 가능한 일들을 간단하게 소개하겠습니다.

비트코인은 아메리카, 유럽, 중국, 동남아시아 등 많은 국가에서 사용되고 있습니다. 우리가 항상 사용하고 있는 돈과 같은 물리적인 형태는 아니지만, '돈'의 기능으로 '엔(¥)'이나 '달러($)', '유로(€)'처럼 사용할 수 있습니다. 비트코인으로 할 수 있는 일은 크게 나누어서 다음 네 가지로 설명할 수 있습니다.

ⓑ 비트코인을 매매하여 이익을 얻는다.(투자)

ⓑ 구매대금을 비트코인으로 지불한다.(결제)

ⓑ 다른 누군가에게 비트코인을 보낸다.(송금)

ⓑ 소액의 기부나 투자에 사용한다.(펀딩)

이를 다시 구체적으로 살펴보겠습니다.

비트코인을 매매하여 이익을 얻는다(투자)

현재 비트코인의 사용처 중 가장 큰 부분을 차지하고 있는 것이 '투자'입니다.

일본에는 이미 10여 개의 '가상화폐거래소'가 있으며, 인터넷을 통해 비트코인 등의 가상화폐를 매매할 수 있습니다. 비트코인의 가격이 낮을 때 매입해 가격이 오른 시점에서 팔면, 그 차액을 이익으로 얻을 수 있습니다.(이 외에도 이익을 얻을 수 있는 방법은 다양합니다. 자세한 내용은 〈제4장〉에서 다시 설명하겠습니다.)

대부분 투자는 돈에 여유가 있는 사람들만 하는 것이라고 생각하지만, 비트코인은 수백 엔(한화, 수천 원)부터 매매가 가능합니다. 아직 직장을 구하지 못해 수입이 일정하지 않은 청년층, 아이들 양육비로 대부분의 수입을 지출하는 부모 세대 등…… 돈에 여유가 없어도 가볍게 투자를 할 수 있습니다.

일본 내 비트코인의 일일 거래액을 살펴보면, 2016년 10월 기준으로 100억 엔을 훌쩍 넘긴 경우도 있습니다. 실제로 빈번하게 거래를 하고 있는 사람은 3,000명에서 5,000명 정도로, 주식 등과 비교하면 투자에 참가하고 있는 사람이 많다고는 할 수 없습니다. 하지만 계좌를 개설한 사람만 30만 명에 달하며, 앞으로도 직접 비트코인을 거래하는 사람은 계속 증가할 것으로 보입니다.

주식은 종목을 선택하는 것이 어렵고, 기업의 성장성은 물론, 재무상황과 경쟁기업의 상태 등도 확인하지 않으면 안 됩니다. 이에 반해 비트코인은 원하는 사람이 많을수록 가격이 오르는 등, 가격이 정해지는 방법이 간단하기 때문에 쉽게 투자할 수 있다는 장점이 있습니다.

구매대금을 비트코인으로 지불한다(결제)

상점에서 물건을 구입하거나 식사를 했을 때, 당신은 어떠한 방식으로 대금을 지불하고 있습니까? 대부분의 사람이 현금이나 신용카드, 체크카드, 디지털머니 등을 경우에 따라 구분해서 사용하고 있을 것입니다. 하지만 비트코인으로도 지불이 가능합니다. 구매대금이 1만 엔이라고 한다면 1만 엔 상당의 비트코인으로 지불하는 것입니다.

비트코인은 지폐나 동전과 같은 실물이 없기 때문에 현금처럼 지갑에서 꺼내 사용하는 것은 불가능합니다. 그렇다면 어떻게 사용할 수 있을까요. 거래소에 계좌를 열어 비트코인을 넣어두고, 그 계좌에서 대금이 인출되도록 하는 방법으로 사용할 수 있습니다.

예를 들면, 체크카드의 경우 대금이 예금계좌에서 인출되지만, 비트코인 결제의 경우는 거래소에 개설한 계좌에서 비트코인이 인출되는 것입니다. 또한, 디지털머니는 교통카드나 스마트폰에 돈을 충전해서 사용하는 방식이지만, 비트코인은 스마트폰에 비트코인 전용 어플리케이션을 설치해서 매장의 단말기에 스마트폰을 터치하는 등의 방법으로 대금을 지불할 수도 있습니다.

여전히 대부분의 사람이 비트코인으로 지불하는 것을 본 적이 없다고 말하지만, 긴자의 스시 레스토랑, 롯폰기의 바, 직장 또는 집 주변의 고깃집 같은 우리가 일상적으로 드나드는 곳에서 이미 비트코인 결제를 시작하고 있습니다. 신용카드로 결제하는 경우와 마찬가지로 비트코인 결제가 가능한 곳이라면 계산대에서 순식간에 결제가 가능합니다.

앞으로 비트코인으로 결제가 가능한 상점의 수는 점점 더 증가할 것으로 보입니다. 왜냐하면 신용카드로 결제하는 것보다 비트코인으로 결제하는 것이 상점 입장에서 이점이 더 크기 때문입니다.

고객이 신용카드로 결제한 경우, 상점은 신용카드 회사에 대금의 3~5퍼센트 정도의 수수료를 지불해야 합니다. 반면, 이를 비트코인으로 결제한다면 수수료를 1퍼센트 정도만 지불하면 됩니다. 즉, 고객이 비트코인으로 대금을 지불해주면 상점은 그만큼 비용을 절감할 수 있게 됩니다.

비용이 절감되는 부분을 고객 서비스에 환원할 수도 있습니다. 가끔 현금으로 지불하면 카드 포인트의 적립률을 높여주거나 현금 지불에 한해서만 사용할 수 있는 쿠폰을 제공하는 상점이 있는데, 이는 신용카드보다 현금 결제가 상점에게 유리하기 때문입니다. 비트코인으로도 같은 종류의 서비스를 받을 수 있습니다.

이와 같은 결제 기능은 비트코인을 시작으로 하는 가상화폐의 가장 큰 매력으로, 향후 신용카드 결제를 대체할 가능성도 높습니다. 실제로 아마존의 경우 북아메리카에서 비트코인 결제를 시작하였으며, 순차적으로 지역을 확대해 나갈 전망입니다.

원래는 대중교통을 이용하기 위한 것이었던 교통카드가 점차 역 안에서, 그리고 거리의 상점에서 사용 가능하게 된 것처럼, 비트코인을 사용할 수 있는 상점도 늘어날 것입니다.

다른 누군가에게 비트코인을 보낸다(송금)

송금에서도 비트코인은 그 매력을 발휘하게 됩니다.

특히 해외에서는 송금을 할 때 비트코인이 편하게 사용되고 있습니다.

예를 들면, 당신의 자녀가 해외에서 유학 중이며, 당신이 매월 10만 엔을 보낸다고 가정합시다. 이때 은행의 해외송금 서비스를 이용하면 한 건당 2,500엔에서 4,000엔 정도의 높은 수수료를 지불해야 합니다. 하지만 비트코인을 사용하면 해외송금 수수료를 매우 저렴한 비용으로 대체할 수 있습니다.

방법도 매우 간단합니다. 일본의 가상화폐거래소에서 계좌를 개설하고 비트코인을 구입합니다. 송금을 받는 자녀 역시 현지의 가상화폐거래소에서 계좌를 개설합니다. 당신은 자신의 계좌에 적립한 비트코인을 인터넷을 이용해 자녀의 계좌로 송금하고, 자녀는 송금받은 비트코인을 현지의 통화로 교환(비트코인을 매각)하면 됩니다.

비트코인을 송금한다 → 송금받는다 → 현지의 통화로 교환한다

위의 세 단계를 거쳐 해외송금을 완료하는 데 걸리는 시간은 단 몇 분 정도에 불과하며, 수수료도 몇 천 엔에서 몇 백 엔 정도입니다.(해외송금 수수료는 이용하는 거래소에 따라 다릅니다.)

은행을 통해 해외로 송금을 하면 상대에게 돈이 도착하기까지 며칠이 걸리지만, 비트코인의 경우 송금 절차가 순식간에 이루어지며 수수료도 저렴합니다.

비트코인을 통한 해외송금은 이용가치가 매우 높기 때문에 이미 일본에서는 사용자 수가 지속적으로 늘고 있으며, 해외 주재원의 경우 부임한 나라에서 모국에 있는 가족에게 비트코인을 송금하는 일이 일반적으로 행해지고 있습니다.

소액의 기부나 투자에 사용한다(펀딩)

송금 수수료가 싼 이점을 살려 비트코인에 당신의 기분을 실어 즐겁게 사용하는 일도 가능합니다. 소액의 기부나 투자에 사용하는 일입니다.

우리는 종종 자국 내에서 발생한 대규모 재해, 개발도상국의 어린이 교육, 분쟁지역의 의료 등을 지원하기 위해 후원금을 보내고 싶다고 생각하는 경우가 있습니다. 또한, 최근에는 인터넷을 이용한

크라우드펀딩이 주목을 받으며 수억 엔이 넘는 자금이 모이기도 했습니다. 크라우드펀딩은 특정 사업에 공감하는 사람들이 투자하는 것으로, 소액으로도 펀딩이 가능하기 때문에 참가하는 사람이 증가하고 있습니다.

그러나 은행을 통해 입금할 경우 수수료가 발생해 500엔을 기부하더라도 210엔에서 420엔 정도의 비용이 추가로 지출됩니다. 신용카드로 기부가 가능한 곳도 있으나, 이 경우에는 기부금을 수령하는 단체가 카드회사에 수수료를 지불해야 하기 때문에 당신이 기부한 돈 전액을 쓸 수는 없습니다.

이때 사용하면 유용한 것이 바로 비트코인입니다.

앞에서 설명했듯이, 비트코인을 사용하면 송금 수수료가 거의 들지 않아 구세군 자선냄비 모금함과 똑같은 느낌으로 소액을 가지고도 간편하게 기부를 하는 것이 가능합니다. 기부금을 받는 단체도 비용을 절감할 수 있어 돈을 낭비하지 않고 보다 많은 금액을 활용할 수 있습니다.

크라우드펀딩의 가치는 자금을 모으는 것 이상으로 다수의 고객으로부터 지지를 얻는 것입니다. 비트코인을 사용하면 100엔 정도를 투자하고 싶은 참가자 1만 명을 모집하여 100만 엔 규모의 프로젝트를 진행하는 일도 가능합니다.

어떻습니까!

비트코인은 지폐나 동전은 아니지만 물리적인 형태가 있는 화폐와 동일하게 사용할 수가 있습니다. 사용 방법에 따라서는 '엔' 등의 법정통화보다 편리하게 그리고 유리하게 사용할 수 있습니다.

디지털머니는 그 편리함을 무기로 순식간에 우리 생활에 침투해 들어왔습니다. 비트코인 역시 편리함과 저렴한 비용을 가지고도 다양한 곳에 이용이 가능하다는 이점을 이해하게 된다면, 사용할 수 있는 곳이 점차 확대될 것입니다.

₿ 비트코인 사용처

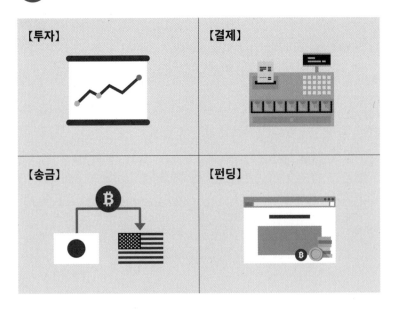

【투자】

【결제】

【송금】

【펀딩】

❶ 비트코인을 매매하여 이익을 얻는다【투자】

❷ 구매대금을 비트코인으로 지불한다【결제】

❸ 다른 누군가에게 비트코인을 보낸다【송금】

❹ 소액의 기부나 투자에 사용한다【펀딩】

투자 외에도 다양한 사용처가 있구나.

인터넷상에서 간단하게
거래가 가능하다는 이점을 살린 서비스가
앞으로 많이 생겨날 거야.

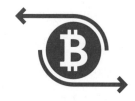

비트코인은 법적으로 '돈'과 같은 존재

비트코인은 우리가 일상적으로 사용하고 있는 돈에는 존재하지 않는 특별한 매력을 가지고 있습니다. 비트코인으로 물건을 살 수 있는 상점과 기부가 가능한 곳은 앞으로 크게 늘어날 것입니다. 그 기폭제가 되는 것이 일본 국회에서 2016년 5월에 입법한 '개정자금결제법'이라고 하는 법률입니다.

이 법률은 '가상화폐도 그 통화 동등의 재산적 가치를 가진다'고 정의한 것으로, 2017년 6월부터 시행하는 것으로 결정되었습니다. 일본은 지금까지 비트코인과 같은 가상화폐 이용을 금지해오고 있던 것은 아니지만, 법률을 제정해 '정식 결제수단으로 인정한다'는 것은 가상화폐가 법정통화로 인정되었다는 것을 뜻합니다.

교과서에는 '화폐는 중앙은행이 발행하는 것이다'라고 쓰여 있습니다. 이러한 상황에 비춰보면 가상화폐가 '결제수단'으로 '정식 인정을 받는다'는 것은 실로 엄청난 일입니다. 특정 계층 사이에서만 통용되던 가상화폐가 널리 일반 사람들에게도 퍼져 나가게 되는 계기가 될 것입니다.

법률이 시행되기까지, 은행이나 증권회사 같은 금융기관에는 '겸업금지'의 규정이 있어 법정통화 및 금융상품 이외의 것을 취급하는 것이 불가능했지만, 2017년 6월부터는 은행 및 증권회사에서도 비트코인을 취급할 수 있는 가능성이 높아졌습니다.

앞에서 설명했듯이, 비트코인에는 법정통화가 가지지 못한 매력이 있고, 취급하는 상점과 이용하는 사람이 지속적으로 증가하게 된다면 금융기관도 이를 취급하지 않을 이유가 없습니다. 원래 통화라고 하는 것은 불특정 다수의 사람이 이용 가능한 것이라야 합니다. 국가가 결제수단으로서 인정한다는 것은 많은 사람에게 일상적인 것이 된다는 의미입니다.

일본의 거대 은행인 미쓰비시UFJ는 독자적으로 가상화폐를 발행할 계획이 있다는 사실을 발표했습니다. 비슷한 규모의 일본 미즈호은행에서도 비트코인의 핵심 기술인 블록체인을 해외송금에 활용해서 송금 비용을 줄이겠다는 계획을 발표했습니다.

다시 말하면, 현재는 제한된 사람들만 사용하고 있는 비트코인이 2017년에 결제통화로 인정을 받고 인지도가 커지면서 사용처가 늘어난 것입니다. 대한민국 역시 일본과 마찬가지로 그 사용 영역이 점차 확대되고 있습니다.

지금이야말로 '비트코인 전야'입니다. 일본을 비롯해 많은 국가의 사람들이 본격적으로 비트코인을 사용하기에 앞서 좀 더 많은 정보와 지식을 갖춘다면, 보다 환상적이고 즐거운 일이 넘쳐날 것 같습니다.

금융과 관련된 사업에 종사하고 있는 사람은 물론, 서비스업 등에서도 비트코인을 접할 기회가 계속해서 늘어날 것으로 예상이 되기 때문에, 지금 비트코인에 대해 어느 정도의 지식과 정보를 확보해두는 것이 중요합니다.

비트코인 외에도 다양한 종류의 가상화폐가 있고, 그 수는 앞으로도 증가할 것입니다. 비트코인에 대한 지식과 정보를 제대로 갖춘다면 다른 가상화폐에 대해서도 쉽게 이해할 수 있습니다. 더 많은 사람이 주목하기 전에 비트코인을 미리 사두면 가격이 상승하여 수익을 얻게 될 가능성도 커질 것입니다.

제2장

비트코인의 구조와 안정성

bitcoin

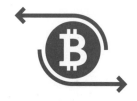

비트코인과 법정통화는 어떻게 다른가

비트코인은 실물이 아닌, '암호'

"일상생활에서 구매대금 지불에도 사용할 수 있고, 송금에도 사용할 수 있다면…… 어쩌면 은행이나 증권회사에서도 사용 가능하게 될 텐데…… 그렇다면 엔이나 달러와 같은 법정통화와 비트코인 같은 가상화폐는 어디가, 어떻게 다른가요?"

비트코인에 대한 이해를 높이기 위해 법정통화와 가상화폐(비트코인)의 차이를 비교해보겠습니다.

우선 가장 큰 차이는 '실물이 있는가, 없는가' 하는 점입니다.

법정통화는 지폐와 동전이라는 물리적인 형태의 화폐가 있지만,

비트코인은 지폐도 동전도 없습니다. 비트코인을 사기 위해서는 가상화폐거래소에서 계좌를 개설할 필요가 있습니다.(이 외에도 살 수 있는 방법이 있지만 정식 거래소를 통해 구매할 것을 추천합니다.)

계좌를 개설한 후 비트코인을 구매하게 되면, 계좌에 있는 '월릿(지갑과 같은 것)'에 비트코인 데이터(암호)가 저장됩니다. 비트코인의 구매를 늘리면 월릿에 추가가 됩니다. 팔거나 어딘가에 송금을 하면 월릿에서 비트코인이 빠져나갑니다.

쉽게 말해, 지폐나 동전처럼 물리적인 형태가 없기 때문에, 비트코인의 데이터 정보를 주고받아 계좌를 관리하는 개념으로 이해할 수 있습니다.

비트코인은 발행량이 정해져 있다

'엔화'는 일본의 중앙은행인 일본은행에서 발행하듯이, 법정통화는 각국의 중앙은행이 발행하고 있습니다. 하지만 비트코인은 비트코인을 발행하는 소프트웨어 프로그램을 통해 자동으로 발행됩니다.

법정통화는 발행량이 정해져 있지 않습니다. 경기를 부양하기 위해 많은 양의 돈을 유통시키고 싶으면 발행량을 증가시키고, 경기 과열을 방지하려면 상대적으로 발행량을 줄입니다.

최근 몇 년 동안 선진국에서는 대폭적인 금융완화를 실시하면서 방대한 양의 통화를 발행했습니다. 돈의 가치는 수요와 공급으로 정해져, 유통되는 돈의 양이 증가하면 원칙적으로 돈의 가치가 떨어질 우려가 있습니다.

그에 반해 비트코인은 발행량이 정해져 있습니다.

비트코인의 단위는 'BTC(비트코인)'로 표기합니다. 2009년 처음 발행한 이래 약 10분마다 50BTC을 발행하고 있습니다. 비트코인은 2140년경까지 2,100만BTC이 발행될 예정이며, 이미 전체 물량의 75퍼센트가 발행된 상태입니다. 어디까지나 상상이지만 1BTC이 6만 엔이라고 가정하면, 정해진 양이 모두 발행된 경우 시가총액은 1조 2,600억 엔이 됩니다.

비트코인의 발행량은 국가의 금융정책에 의해 좌우될 일이 없고, 그 양이 지나치게 많이 늘어나 가치가 떨어질 우려도 없습니다. 이 점은 통화로서 매우 큰 장점입니다.

또한, 법정통화는 사실상 국가가 신용을 보증하고 있습니다.

예를 들면, '엔'을 '달러'나 '유로'로 교환 가능한 것은, 엔이 신용을 얻고 있기 때문입니다. 다시 말하면, 일본이라는 나라의 돈이기 때문에 가치가 있다고 다른 나라 사람들이 인정하는 것입니다. 그러나 경제가 발전하지 않은 국가의 통화는 대외적으로 그 가치를 인정받지 못하는 경우도 있습니다. 이름도 들어본 적이 없는 나라의 통화를 내놓으며 '엔'과 교환해 달라는 말을 들으면 매우 난처할 것입니다.

그에 반해 비트코인은 국가가 개입하고 있지 않기 때문에 국가의 신용이 실추되어도 비트코인의 신용까지 떨어질 걱정이 없습니다. 비트코인을 사용하고 있는 사람, 또 사용되고 있다는 그 사실이 비트코인에 대한 신용보증입니다.(1997년, 대한민국 경제를 파탄으로 내몬 '외환위기' 같은 위험을 겪을 일이 없습니다. - 옮긴이)

대금 지불에도, 송금에도 사용 가능

비트코인이 쓰이는 곳은 법정통화와 크게 다르지 않습니다. 결제와 송금에 사용 가능하며, 투자도 가능합니다. 다만, 현시점에서는 모든 상점에서 비트코인을 사용할 수 있는 것은 아니라는 점이 법정통화와의 가장 큰 차이점입니다.

또 한 가지, 법정통화는 은행에 맡겨두면 이자가 붙지만, 비트코인은 은행에 예금하는 게 불가능합니다. 원칙적으로 이자도 붙지 않습니다.(2017년 9월 현재. - 옮긴이) 다만, 거래소에서 비트코인을 구매하고 보유하는 것이 가능합니다. 거래소에 따라서는 '대여 비트코인'(비트코인을 제삼자에게 빌려주는 것)을 이용해 이자를 받을 수도 있습니다.

법정통화와 비트코인(가상화폐)의 차이

	💰 법정통화	₿ 비트코인(가상화폐)
실체	있다.(지폐 및 동전)	없다.
발행량	제한이 없다. 금융정책에 따른다.	제한 있다. 발행 속도가 정해져 있고 2140년경까지 2,100만BTC를 발행한다. (1BTC=6만 엔, 총액 1조 2,600억 엔 상당)
신용	신용은 높다. 국가가 가치를 보증한다.	정부가 개입하지 않기 때문에, 발행 통화의 신용이 낮은 국가에서는 법정통화보다 신용이 높게 여겨지는 경우도 있다.
액면	액면이 일정하다. 엔으로 10엔 동전, 100엔 동전, 1,000엔 지폐, 1만 엔 지폐 등이 있다.	실물이 없고, 1BTC(비트코인)에 미치지 않는 0.1BTC, 0.01BTC 등의 거래가 가능하다.(최소 0.00000001BTC까지 거래가 가능하다.)
액면과 가치	액면이 일정하다. 한 통화 당의 가치는 물가상승률에 따라 변동한다.	수요와 공급의 균형에 의해 가격이 결정된다.
용도	결제, 송금, 보존(예금), 투자.	결제, 송금, 보존(거래소의 계좌나 월릿에 넣어둔다), 투자.
거래 장소	은행, 증권회사 등.	가상화폐거래소.

비트코인은 국가가 발행하는
통화가 아니구나.

맞아. 그렇기 때문에 특정 국가 정세가
불안정한 경우에도 그 가치가
붕괴될 리스크가 없는 것이지.

비트코인은 돈으로서 신용이 있는가

일본이나 대한민국에서는 그다지 실감하지 못하지만, 다른 나라에서는 자국의 통화를 신용하지 않는 경우도 있습니다. 예를 들어, 경제가 불안정한 국가에서는 이전 달까지만 해도 1만 엔으로 살 수 있었던 물건이, 이번 달에는 10만 엔이나 지불하지 않으면 살 수 없는 경우가 발생하기도 합니다. 돈의 가치가 10분의 1로 떨어져버렸다는 의미입니다. 열심히 저축해서 100만 엔을 모아도 그 실질적인 가치가 10분의 1이 된다면 기가 막힐 노릇입니다.

비트코인은 정부(국가)가 관여하고 있지 않기 때문에 국가의 경제 상황 및 경제 정책에 의해 직접적으로 돈의 가치가 변화할 우려가 없습니다. 그렇기 때문에 경제 불안 요소가 있는 국가나 정부 시스템이 성숙하지 않은 나라에서는 자국 통화보다 가상화폐를 더 신뢰하는 사람이 많습니다. 실제로, 다른 국가에 비해 중국에서의 비트코인 거래가 유난히 활발합니다. 여기에는 중국 위안화에 대한 불안감이 작용했다고 보는 견해가 일반적입니다.

가상화폐의 종류는 얼마나 있나

가상화폐라 하면 비트코인만을 떠올리기 쉽지만, 현재 무려 700종이 넘는 다양한 형태의 가상화폐가 존재합니다. 그 수는 앞으로도 늘어날 것으로 보입니다.

참고로 가상화폐로 정의되는 것은 법정통화와 교환이 가능한 것으로, 신용카드의 이용액에 따라 적립되는 포인트는 가상화폐가 아닙니다.

비트코인은 가상화폐 중에서도 압도적인 존재로, 높은 지명도와 시가총액을 자랑하고 있습니다.

비트코인 이외의 가상화폐를 '알트코인'이라고 합니다. 알트코인 중에서도 가장 시가총액이 큰 것이 '이더리움'이라는 가상화폐입니다.

이더리움은 비트코인과는 다른 별개의 블록체인 기술을 사용해 발행하며, 관리하고 있습니다. 일본에서도 복수의 가상화폐거래소가 이더리움을 취급하고 있으며 매매 또한 가능합니다. 비트코인과 이더리움은 가상화폐 전체 시가총액의 90퍼센트 이상을 차지하고 있습니다.

그 외에도 구글이 출자한 '리플코인', 일본이 발행한 '모나코인' 등이 있습니다. 이들 알트코인 중 가장 큰 시가총액을 가진 가상화폐도 이더리움의 절반 이하, 비트코인의 5퍼센트에 못 미치는 소규모입니다. 심지어 시가총액이 100만 엔도 미치지 못하는 알트코인도 있습니다.

발행 규모가 작은 알트코인은 사고파는 것이 쉽지 않습니다. 신용도에 불안 요소가 있는 가상화폐도 있습니다. 우선은 거래를 하는 사람이 많고 사용 범위도 넓은 비트코인, 그다음으로 흥미가 있다면 이더리움으로 넓혀가는 것을 추천합니다.

주요 가상화폐

종류	시가총액(USD)	단가(USD)	공급량
비트코인	9,754,867,165	613.22	15,907,692
이더리움	1,083,752,773	12.80	84,688,696
리플코인	262,883,625	0.007410	35,475,196,836
라이트코인	183,733,117	3.84	47,869,854
스팀	68,777,847	0.417743	164,641,532
이더리움 클래식	98,580,560	1.16	84,619,959
대시	82,557,158	12.15	6,792,927

〈2016년 10월 6일 기준〉

- 700종 이상의 가상화폐가 존재합니다.
- 비트코인의 시가총액은 1조엔 정도입니다.
- 2위인 이더리움은 1,000억 엔 정도입니다.

가상화폐에는 비트코인만 있는 것이 아니구나.

전혀 사용되고 있지 않은 가상화폐도 많아. 거래되는 양이 압도적으로 많은 것이 비트코인이기 때문에 처음 시작하는 사람들에게는 비트코인을 추천해.

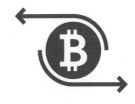

비트코인의 거래량이 가장 많은 이유는?

비트코인이 탄생한 것은 2009년입니다. 약 10분 단위로 새로운 비트코인이 발행되고 있으며, 유통량은 2016년 9월 기준으로 1,575만BTC을 돌파했습니다.

비트코인은 발행량이 미리부터 정해져 있고, 그 상한선은 2,100만BTC입니다. 벌써 전체 양의 75퍼센트가 발행됐기 때문에 지금은 신규 발행량을 줄이는 '반감기'에 접어들었습니다.

비트코인은 365일 24시간 거래됩니다. 팔고 싶은 사람, 사고 싶은 사람과의 관계에 의해 가격은 시시각각 움직입니다.

계산의 편의를 위해,

$$1BTC = 6만 엔으로 계산하면,$$

$$1,575만 \times 6만 엔 = 9,450억 엔$$

현재, 비트코인의 시가총액은 9,450억 엔이 되는 셈입니다.

비트코인이 프로그램대로 순조롭게 발행되고 가격도 지속적으로 상승해 1조 엔 넘게 시가총액이 증가한 이유는 '높은 신용 및 신뢰성' 때문입니다.

비트코인은 '블록체인'이라는 신기술을 사용합니다. 비트코인을 발행하고 관리하는 시스템은 세밀하고 철저한 것으로 알려져 있습니다. 이러한 신뢰를 바탕으로 거래량이 늘어나고 실적을 쌓아 세계 최대 가상화폐가 된 것입니다.

비트코인의 실용화 현황

비트코인의 시가총액 규모는 2017년 8월 기준 약 670억 달러(한화, 약 75조 원)에 달합니다. 한 주에 10억 달러 이상씩 늘어나는 추세입니다. 일본은 2017년 4월 비트코인을 결제 수단으로 인정하면서 수요가 급증하고 있습니다.

일본 유명 백화점인 마루이그룹에서는 도쿄 신주쿠의 매장에서 3개월간 시험적으로 비트코인 결제 시스템를 도입했습니다. 전자제품 양판점인 비크카메라 같은 유통업체도 4월과 7월에 비트코인 결제 서비스를 시작했습니다. 일본은 사실상 제로금리라 비트코인 투자가 활발한 편입니다. 비트코인 리서치 업체인 크립토컴페어에 따르면, 글로벌 비트코인 거래량에서 일본 엔화는 약 45퍼센트 정도를 차지하고 있습니다. 미국 달러화가 25퍼센트, 중국 위안화와 한국 원화는 각각 12퍼센트의 비중을 차지하고 있습니다.

비트코인 발행량

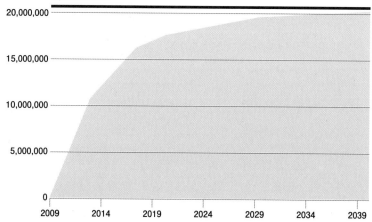

2,100만BTC

20,000,000

15,000,000

10,000,000

5,000,000

0

2009 2014 2019 2024 2029 2034 2039

■ 프로그램에 의해 처음에는 약 10분마다 50BTC이 발행되었으며,
그 후 약 4년마다 발행량이 반으로 줄어든다.

일본은행이 돈의 발행량을
늘리거나 줄이거나 하는 것과는 달리,
비트코인은 발행량이 정해져 있구나.

발행량은 사전에 비트코인의 프로그램에 설정돼
있어. 2,100만BTC이 최종적으로 정해진 양이며,
2140년에는 도달한다는 계산이지.

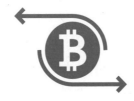

비트코인의 핵심 기술, 블록체인이란

가상화폐 시스템을 지탱하는 것은 '블록체인'이라 불리는 기반 기술입니다. 최근에는 대형 은행도 이 블록체인 기술을 채택하려는 움직임이 있을 정도로 폭넓게 인정을 받고 있습니다.

예를 들어, A씨가 은행에 100만 엔의 예금을 가지고 있다고 가정합시다.

A씨의 통장에는 100만 엔의 잔고가 기록되어 있습니다. 만약 A씨가 초고성능 인쇄기계를 구입해서 잔고 표기를 1억 엔으로 위조한 후 통장을 가지고 은행에 간다고 하더라도 A씨는 100만 엔밖에 인출할 수 없습니다.(사문서위조 등으로 구속될 가능성도 있기 때문에

절대 흉내 내면 안 됩니다.) 진짜인 것처럼 감쪽같이 1억 엔을 기입해도 은행에는 예금을 관리하는 컴퓨터 시스템에 데이터가 있어 A씨의 잔고가 100만 엔밖에 없다는 것을 알고 있기 때문입니다.

은행은 중앙서버에서 고객의 대장(잔고 및 입출금 이력)을 관리합니다. A씨가 부정하게 1억 엔을 인출하려고 한다면 통장이 아니라 이 중앙서버를 조작해야 합니다. 만일 그런 조작을 감행한다면, 이는 명백한 범죄입니다. 은행은 중앙서버의 유지 및 보수에 거액의 자금을 투입하고 있습니다. 중앙서버가 누군가에 의해 침입당하지 않고 조작된 정보가 기입되는 일이 없도록 견고한 보안 시스템을 도입하고 있는 것입니다.

이와 비교해 블록체인은 완전히 다른 발상으로 구축한 보안 시스템을 갖추고 있습니다.

중앙서버의 안전을 높이는 것이 아니라 고객의 대장을 네트워크로 연결한 불특정 다수의 컴퓨터에 분산시켜 공유하는 방법을 사용하고 있습니다. 이 때문에 블록체인은 '분산형 장부기술'이라고도 불립니다. '누가, 언제, 어떤 거래를 했는가', '누가 얼마의 비트코인을 가지고 있는가' 등의 내역이 기록된 통장을 수백만이 넘는 사람들이 공유하는 것입니다.(보유자는 익명이기 때문에 실제 보유자가 누구인지는 알 수 없습니다.)

앞에서 예로 든 A씨가 자신의 가상화폐 데이터를 조작하려고 해도 네트워크상에 연결된 불특정 다수의 컴퓨터 정보를 조회하면 그 통장이 조작되었다는 것을 바로 알아챌 수 있습니다. 그렇기 때문에 부정을 저지르려면 네트워크로 연결되어 있는 모든 컴퓨터의 정보를 조작해야 합니다.

이것은 매우 어려운 일로, 사실상 부정을 저지르는 것이 현실적으로 불가능합니다.

은행이 거래 정보를 중앙서버에 모아 막대한 보안 비용을 들여 지키는 것이라면, 블록체인은 수백만 명의 사용자가 데이터를 공유하게 함으로써 비용을 거의 들이지 않고 실제 부정행위가 일어나지 않도록 차단하는 것입니다.

은행이 보안에 투자하는 비용은 예금 금리, ATM 사용료, 송금 수수료 등에도 당연히 영향을 미칩니다. 이에 반해 비트코인은 보안에 큰 비용이 들지 않는 만큼 송금 수수료나 결제 수수료의 부담을 획기적으로 줄일 수 있습니다.

블록체인은 누구나가 인정하는 기술로, 실제 미쓰비시 도쿄UFJ은행은 블록체인 기술을 활용한 MUFJ코인 발행 계획을 발표했습니다. 미즈호은행도 며칠씩 걸리던 해외송금을 블록체인을 이용해 단 몇 초로 단축시키기 위한 방안을 지속적으로 검토하고 있습니다.

가상화폐에 사용되는 블록체인 기술이 전 세계의 금융 방식을 바꾸려 하고 있는 것입니다.

₿ 블록체인과 중앙서버의 차이

가상화폐(블록체인)	은행(중앙서버)

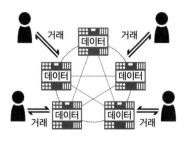 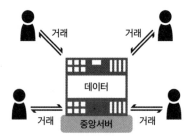

데이터는 불특정 다수의 컴퓨터에 분산시켜 관리한다.

데이터는 은행이 유지하는 중앙서버에서 관리한다.

'중앙서버'가 없다는 것에는 어떠한 장점이 있어?

지금까지 중앙서버 유지를 위해 쓰인 운영 비용이 불필요해진 만큼, 거래 수수료가 저렴해지는 등의 장점을 실현시킬 수 있게 돼.

누가, 무엇을 위해서 만들었는가

이처럼 다양한 매력이 있는 비트코인은 어떻게 해서 탄생했을까요?

비트코인은, 2008년 재미 일본인으로 알려진 나카모토 사토시가 자신의 블로그에 비트코인 구상에 관한 논문을 발표한 것을 발단으로 시작되었습니다.

암호기술을 활용해 돈을 거래한다는 것과 중앙집권이 아닌 정보를 분산시키는 것으로 보안을 유지하는 분산형 금융거래라는 발상에 기반을 두어 비트코인의 개발 구상이 시작된 것으로 보입니다.

정보를 나카모토 사토시가 독점하는 것이 아니라 프로그램 코드가 개방되어 있는 것도 큰 특징입니다. 실제로 비트코인을 개발한 것은 나카모토 사토시 개인이 아닌, 그가 설계한 프로그램 코드를 기초로 다수의 사람이 개발한 것으로 추측하고 있습니다.

프로그램 코드를 개방형으로 설정해, 프로그램이 조작되었을 경우 이를 발견하기가 쉽기 때문에 안전성이 높아지는 장점도 있습니다.

많은 사람이 비트코인을 사용한다고 해도 이로 인해 나카모토 사토시 개인이 이익을 취할 수는 없습니다. 만약 그가 개발 초기부터 비트코인을 가지고 있었다면 현재의 가격 상승 요인으로 인한 차익 실현을 통해 얻는 이익이 전부일 것입니다.

그러면 왜 나카모토 사토시는 비트코인을 구상하게 되었을까요?

사실 비트코인의 창시자인 나카모토 사토시에 관한 여러 가지 이야기가 있었지만 그 정체는 정확하게 밝혀진 바가 없습니다. 일본인의 이름이지만 실제로 일본인인지도 확실하지 않으며, 남성이라는 확증도 없습니다. 전 세계에 통용될 기술이니 정체를 밝히고 그 명성을 자신의 것으로 하면 막대한 부와 명예를 누릴 수 있을 텐데…… 무슨 연유로 이렇게 꼭꼭 숨어 있는 것일까요? 수수께끼 같기도 하지만, 실은 인터넷의 시작도 이것과 비슷합니다.

약 20년 전, 인터넷이 등장한 당시에는 많은 사람이 '이게 뭐야?', '어떻게 되어 있는 거야?', '위험성은 없어?'라고 생각했지만, 지금은 누구나 당연한 것처럼 인터넷을 사용하고 있습니다. 인터넷 없이는 일도 생활도 불가능할 정도가 되었습니다.

사람들의 생활에도 일에도 큰 변화를 일으킨 기술이지만 실은 인터넷도 개발자가 누구인지 알려져 있지 않습니다. 비트코인도 이것과 비슷한 것이 아닌가 생각합니다.

누가 무엇을 이용해서 만든 것인지는 모릅니다. 하지만 비트코인에서 사용되는 기술은 확실한 것이며, 생성되는 비트코인에는 신뢰성이 있습니다. 조작하려고 해도 조작할 수가 없습니다. 시가총액이 1조 엔에 달할 정도의 규모가 될 때까지 단 한 번도 프로그램상의 문제가 발생한 적이 없습니다. 나카모토 사토시가 설계한 프로그램 코드는 완벽에 가깝고, 불특정 다수의 사람이 안전한 통화로 비트코인을 인정하고 있습니다. 이는 틀림없는 사실입니다.

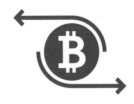

마운트곡스 사社에서 벌어진 비극

2014년, 비트코인의 인기에 '아주 잠깐' 그림자를 드리운 사건이
있었습니다.

당시 세계 최대의 비트코인 거래소였던 마운트곡스 사(社)가 돌
연 거래를 전면 중단하고 파산하였습니다. 각종 언론에서도 이 사
건을 비중 있게 다루면서 한바탕 소동이 일었습니다.

파산의 원인은 75만BTC과 현금 28억 엔을 탈취당했기 때문입니
다. 처음에는 외부 사이버 공격에 의한 범행으로 알려졌습니다. 거
래소가 통화를 잃어버리는, 있어서는 안 될 일로 비트코인은 위험
한 게 아닌가 하는 일부 목소리도 있었습니다.

그러나 자세히 조사해보니 실제로는 회사 직원에 의한 업무상 횡령이었다는 사실이 밝혀졌습니다. 고객이 소유하고 있는 비트코인을 갈취하고, 비트코인을 사기 위해 고객이 거래소에 입금한 현금도 훔친 것입니다. 외부의 범행이 아니고 마운트곡스라고 하는 일개 거래소 내에서 벌어진 범죄였던 것입니다.

2009년에 탄생하여, 2012년 하반기부터 서서히 지명도를 높여온 비트코인은 2013년 4월에 200달러(2만 엔 정도)가 되었고, 이때부터 거래소가 급격하게 증가했습니다. 2013년 12월에는 400달러(4만 엔 정도)까지 가격이 치솟았지만, 2014년 2월에 마운트곡스가 파산을 신청한 날에는 전일 기준 581달러(5만 9,250엔 정도)에서 558달러(5만 6,900엔 정도)로 하락했다가, 곧바로 600달러(6만 엔 정도)로 회복하였습니다.

마운트곡스가 비트코인의 가격에 끼친 영향은 미미한 것이었다고 할 수 있습니다. 비트코인 그 자체에 문제가 발생한 것이 아니며, 블록체인은 여전히 뛰어난 기술임에 틀림이 없다고 사용자들이 생각했기 때문입니다. 마운트곡스는 일개의 거래소에 지나지 않으며, 마운트곡스의 파산은 어디까지나 거래소 직원의 부정한 횡령에 의한 것이었고 비트코인의 구조가 부정당한 것은 아니었다고 인식한 것입니다. 예를 들어, '엔'과 '달러'를 교환(환전)하는 환전소 한 곳이 부정을 저질렀다고 해도 '엔'과 '달러'의 신뢰도에는 변함이 없는 것과 같은 이치입니다.

비트코인 그 자체의 보안은 유지되어 있고 블록체인에 결함이 있었던 것도 아닙니다. 또 비트코인에만 이러한 부정이 행해지는 것도 아닙니다.

지금까지 비트코인은 블록체인이라고 하는 기술을 사용하고 있다는 점을 이야기하였습니다.

블록체인에서는 'A씨가 B씨로부터 1BTC을 샀다', 'B씨가 C씨에게 10BTC을 팔았다' 등의 거래 이력을 10분마다 갱신하여 기록해 나갑니다. 10분 단위로 거래 기록을 '블록'시켜 그것을 연결해 나가는 것이 블록체인 기술의 근간입니다.

매 10분마다 정보를 블록해서 연결해 가기 위해서는 방대한 계산 능력이 요구됩니다. 때문에 이런 문제를 풀어낼 '채굴'이라는 작업이 필요합니다. 채굴로 정답을 도출하면 10분간의 기록을 갱신시킬 수 있습니다.

즉, 채굴은 블록체인의 정기적 점검을 실시하는 것과 같다고 보면 됩니다. 비트코인 보안의 핵심 기술이며 비트코인의 신뢰성을 유지하는 중요한 작업입니다. 채굴에 성공하면 그 보수로 비트코인을 획득할 수 있습니다.

다른 사람이 가지고 있는 비트코인을 훔친다든가, 자신이 가지고 있는 비트코인의 양을 부풀린다든가 하는 부정행위를 할 시에는 데이터를 조작하여 채굴에 성공해 거래 기록을 갱신시킬 필요가 있습니다. 그러나 채굴을 위해서는 막대한 처리 능력을 가진 거대 시스템을 구축하여 지속적으로 계산을 해나가야 하기 때문에 여러 조직이 막대한 전기료를 부담해가며 치열한 경쟁을 하고 있는 중입니다.

이러한 경쟁에서 이긴다는 것은 쉬운 일이 아니기 때문에 블록체인은 데이터를 조작하여 갱신시키는 것보다 채굴에 성공해서 보수를 계속 받는 편이 이득이 되도록 설계되어 있습니다. 누차 강조하지만, 사실상 블록체인의 데이터를 조작하는 것은 불가능하다고 말할 수 있습니다.

실제로, 2009년에 탄생한 이래 단 한 번도 데이터가 조작된 적이 없을 뿐더러 시스템이 다운되는 문제도 발생한 적이 없습니다. 앞에서 언급하였듯이 일본의 거대 은행이 블록체인의 응용을 검토하고 있다는 점에서도 그 신뢰성을 확인할 수 있습니다.

채굴은 누가 하고 있는가

'채굴'에는 몇 개 정도의 조직이 활동하고 있고, 어느 정도의 확률로 성공하고 있는지 같은 자세한 내용은 그다지 알려져 있지 않습니다.

실제로 중국의 농촌, 인도네시아, 아이슬란드 등에 공장(서버와 컴퓨터 여러 대가 접속되어 자동으로 계산 프로그램이 실행되는 장소)을 만들어 채굴이 행해지고 있습니다.

채굴에는 막대한 전기료가 들어갑니다. 컴퓨터를 가동하기 위한 전기료, 서버를 냉각시키기 위한 에어컨 전기료입니다. 중국의 농촌이나 인도네시아는 전기료가 싸기 때문에 채굴이 많이 이루어지고 있습니다. 아이슬란드는 기온이 낮아 에어컨 없이도 서버의 과열을 방지할 수 있어 최적의 환경을 유지할 수 있습니다.

채굴에 대한 보수는 비트코인 프로그램에서 자동적으로 지불됩니다. 처음에는 1회에 50BTC이었던 것이, 25BTC으로 줄었고, 2016년 7월에는 12.5BTC으로 줄었습니다.

2017년 현재, 비트코인은 신규 발행량이 줄어드는 '반감기'에 와 있지만, 발행량이 반감하는 것과는 반대로 수요가 늘면서 가격은 상승하고 있습니다.

예를 들어, 2016년의 3월에는 1BTC이 4만 엔으로, 25BTC이 지불되면 100만 엔을 받을 수 있었습니다. 이에 반해, 1BTC이 8만 엔이 되면, 12.5BTC은 100만 엔이 됩니다. 비트코인의 개발자는 반감기가 되면 가격이 상승할 것으로 예상하고 보수 단위를 내리는 방식의 치밀한 설계를 한 것으로 보입니다.

거래소의 안전성은 어떻게 유지되는가

마운트곡스 사건은 비트코인의 기반이 되는 블록체인의 문제가 아닌 가상화폐거래소의 문제였습니다.

거래에 필요한 시스템은 거래소에 따라 달라지는데, 보안의 강도에 차이가 있습니다.

비트코인 관련 사업자가 가입되어 있는 '일본블록체인협회'에서는 각 거래소가 일정한 안전성 기준에 부합하도록 최소한의 보안정책을 규정하고 있습니다.

예를 들면, 각각의 거래소에 '콜드월릿'을 갖추도록 요구하고 있습니다. 월릿이란, 비트코인을 넣어 두는 지갑과 같은 것으로, 크게 나누어 '핫월릿'과 '콜드월릿'이 있습니다.

핫월릿은 온라인에 존재하는 지갑, 콜드월릿은 인터넷에 접속하지 않는 지갑을 의미합니다. 콜드월릿에 고객의 비트코인을 넣어두면 인터넷상에서 발생 가능한 각종 위협으로부터 격리시키는 일이 가능합니다. 만에 하나 서버가 해킹되거나 하는 외부의 공격을 당한다 하더라도 피해를 면할 수 있습니다. 대부분의 거래소가 가상화폐의 95~98퍼센트를 콜드월릿으로 옮겨 관리하고 있습니다.

마운트곡스의 사건은 내부의 범행이었습니다. 거래소가 내부의 행정 절차에 대한 관리 감독 및 통제를 하려는 자세도 중요합니다. 내부의 특정인이 부정을 저지르려는 시도 자체가 발생하지 않도록 관리하는 시스템이 요구됩니다.(이는 일반 기업에서도 당연히 요구되는 사항입니다.)

2017년에 시행된 개정자금결제법에서는 가상화폐가 결제통화로 정식 인정을 받았지만, 해당 법률에서는 가상화폐거래소가 정부 금융기관에 등록할 것을 의무화하고 있습니다. 이는 금융 당국의 감시하에 놓이게 된다는 것을 의미합니다.

또한, 거래소는 감사법인이나 공인회계사에 의한 감사를 필요로 하고 있어 제삼자의 감사가 들어가게 됩니다. 개정자금결제법은 가상화폐에 관한 사용자의 보호를 최대 목적으로 하고 있습니다.

필자 또한 가상화폐와 관련한 일을 하는 한 사람으로서, 비트코인이 많이 활용되도록 독려하기 위해서는 거래소의 신뢰도를 높이는 일이 매우 중요하다고 생각합니다.

이러한 노력의 일환으로 필자가 직접 운영하고 있는 '비트포인트'에서는 자산의 분산관리를 실시하고 있습니다. 이는 계좌 개설자와 자사의 자산을 명확하게 나누어서 관리하는 것을 말합니다.

예를 들어, 고객이 당사에 100만 엔을 입금한 후 70만 엔으로 비트코인을 사고 남은 30만 엔을 계좌에 남겨둘 경우, 70만 엔 상당의 비트코인은 월릿에 넣고, 30만 엔은 신탁은행에 예치하는 방식을 취하고 있습니다.

분산관리는 가상화폐거래소에 대해 법적으로 의무화된 것은 아니지만, FX회사 등에 이미 퍼져 있는 방식입니다. 분산관리를 하면 거래소(거래소를 운영하는 기업)가 자사를 위해 고객의 자금을 유용하는 위험을 방지하는 게 가능하고, 만일 기업이 파산한다 하더라도 고객의 자산은 안전하게 지킬 수 있습니다.

실제, 비트코인 매매는 블록체인상에 기록이 되지만 한 개인이 블록체인의 거래 이력을 조회하는 것은 어렵습니다. 그러나 거래소에서는 거래 기록의 상세 내역을 관리하고 있어 로그인 후에 '마이페이지' 등에서 거래 기록 대부분을 확인할 수 있도록 설정해 놓았습니다. 거래소에 정보조회 요청을 하면 본인의 거래 이력에 한해서 답변을 받아볼 수 있습니다. 따라서 만에 하나 문제가 생겨 거래

이력의 확인이 필요한 때에는 거래소를 통한 매매라면 간단하게 기록을 조회할 수 있습니다.

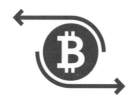

소수통화에 접근할 때에는 주의가 필요

비트코인과 친숙해지기 위해서는 가상화폐의 어두운 일면에 대해서도 정확하게 알고 있어야 합니다. 대표적인 것이 소수의 가상화폐 'DAODecentralized Autonomous Organization'입니다.

비트코인에 이어 높은 시가총액을 자랑하는 가상화폐인 '이더리움'의 기술을 응용해서 만든 DAO라는 가상화폐가 있습니다.

2016년 5월에 탄생한 DAO는 그로부터 2개월이 채 지나지 않은 기간 동안 150억 엔 상당의 가상화폐를 발행했습니다. 하지만 그중 50억 엔 상당의 가상화폐를 도둑맞은 사건이 발생했습니다.

DAO는 이더리움의 기술을 활용한 가상화폐이기 때문에 이 사건으로 이더리움의 가격도 일시에 폭락하였습니다.

전문가가 이 사건에 대해서 조사를 해보니 DAO는 사용된 프로그램을 작동시키기 위한 프로그램 코드의 검증조차 실시하지 않는 등 태생적으로 프로그램상의 결함이 있었다는 사실이 밝혀졌습니다. 간단히 말하면, 정보가 열쇠로 잠겨 있다고 생각했는데 잠겨 있지 않았던(도난당하기 쉬운 상태였습니다.) 것입니다.

이 사건을 어떻게 처리할지에 대해 관계자들이 검토한 결과, 블록체인의 흐름을 일단 정지시키고 원래대로 되돌리는 것, 즉 50억 엔 상당의 가상화폐를 도둑맞기 이전의 상태로 복원하자는 결론으로 의견이 모였습니다. 구체적으로 설명하면, 이더리움의 블록체인에는 DAO와 관련된 거래가 기록되어 있었는데, 그 기록을 도둑맞기 전의 상태로 되돌리는 '하드워크'라는 수법으로 복원을 한 것입니다. 이로 인해 범인은 훔친 DAO를 사용할 수 없게 되었고, 피해자도 손해를 입지 않고 사건은 종결되었습니다.

하지만 도난사건의 여파로 DAO의 신뢰도는 추락했고, 가격도 떨어졌습니다. 마운트곡스 사건이 한 개인의 단순한 횡령이었다면, DAO 사건은 프로그램상의 결함이 원인이었던 것만큼 신뢰도의 추락을 피할 수 없는 문제였습니다.

이와 같은 문제는 전체 가상화폐에 있어서도 큰 타격입니다. 있어서는 안 될 일인 것입니다.

어떠한 프로그램에 의해 화폐가 발행되고 관리되고 있는지를 프로그램 코드를 통해 확실하게 알 수 있으면 그것을 심사해 안전성을 확인할 수 있습니다. 그러나 가상화폐를 매매하는 개인이 모든 가상화폐를 일일이 심사해가며 구매할 수는 없습니다.

채소나 생선이 상점에 진열되어 있으면 소비자가 안전한 물건이라고 믿고 사는 것과 마찬가지로, 가상화폐가 거래되고 있다는 사실 자체만으로도 암묵적인 인정으로 신뢰할 수 있다는 생각입니다.

기업이 주식시장에 상장할 때 증권거래소가 심사를 하는 것처럼, 가상화폐에 대해서는 각각의 거래소가 개별 화폐에 대해 취급할 것인가 말 것인가를 판단하는 일이 매우 중요합니다.

현실적으로 각각의 거래소가 심사를 하는 것이 비효율적이기 때문에 자주규제 법인을 만들어 여기에서 확실하게 심사를 하자는 의견도 나오고 있습니다.

현재 일본 내의 가상화폐거래소는 비트코인과 이더리움을 중심으로 대부분의 거래가 이루어지지만, 일각에서는 '라이트코인', '도지코인'과 같은 소수 알트코인을 취급하는 거래소도 있습니다. 다만, 발행액도 거래하는 사람 수도 적기 때문에 매매가 쉽지가 않다는 위험 요소가 존재합니다. 대신 가격 변동성이 크기 때문에 수익을 얻을 가능성도 커지는 등 투자의 묘미도 있습니다.

앞으로 거래소는 등록제로 바뀌게 될 것입니다. 그렇게 되면 금융 당국에 어떤 가상화폐를 취급할 것인지를 신고해야 합니다. 비트코인과 이더리움은 실적이 있지만 그 외의 가상화폐를 취급할 경우에는 확실한 근거를 마련해야 하는 등 어느 정도의 억제력이 작용할 것으로 보입니다.

취급해도 좋은 안전한 가상화폐인지를 각 거래소가 심사하는 일도 중요하지만, 사용자도 소수의 가상화폐에 관해서는 신중하게 다가가는 자세가 필요합니다.

범죄에 이용되지는 않는가?

비트코인과 같은 가상화폐의 매매에는 통장도 없고 거래 기록조차 암호화되어 있습니다. 때문에 범죄에 쉽게 이용되는 것은 아닌가 하고 생각하는 사람도 많을 겁니다.

외국에서는 과거 미국 FBI가 적발한 유해사이트가 결제통화에 비트코인을 이용한 사례도 있었습니다.

2017년에 시행된 일본의 개정자금결제법에서는 가상화폐의 거래소에 대해 누가 얼마의 이익을 얻었는지 법정장부를 작성하고 국가에 제출할 것을 의무화하였습니다. 만일 범죄자의 자금원이 된 경우 등은 조사를 하면 바로 알 수 있습니다. 따라서 가상화폐이기 때문에 범죄에 쉽게 노출되는 일은 없습니다.

제3장

비트코인을 돈처럼 사용하다

bitcoin

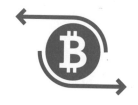

구매대금을 비트코인으로 지불

일본에서 비트코인 결제가 증가하고 있다?

지금까지는 비트코인을 투자 목적으로 이용하는 것이 대부분이었지만, 앞으로는 일상생활에서도 사용할 수 있는 기회가 늘어나게 될 것입니다. 비트코인을 사용할 수 있는 상점이나 금융기관도 증가할 것으로 보입니다.

앞에서 언급한 바와 같이, 고객이 신용카드로 지불하면 상점은 신용카드 회사에 3~5퍼센트의 수수료를 지불해야 합니다. 그에 반해 비트코인은 평균 1퍼센트 정도의 수수료만 지불하면 됩니다.

신용카드 단말기 같은 특별한 기자재도 필요 없고, 스마트폰이나 태블릿PC로 계산이 가능하기 때문에 초기 비용이 거의 없습니다. 이러한 장점이 많아 점차 도입이 늘어날 가능성이 높다고 할 수 있습니다.

대한민국이나 유럽에서는 신용카드 또는 체크카드 이용이 증가 추세에 있습니다. 특히 대한민국에서는 1,000원 정도의 소액도 카드로 결제하는 사람이 많습니다. 일본에서는 일정 금액 이상이 아니면 신용카드를 사용할 수 없는 상점도 있습니다. 대한민국처럼 신용카드 보급률이 높은 나라에서는 현금을 거의 소지하지 않고 다니는 사람이 많기 때문에, 신용카드 또는 체크카드로 소액결제가 안 된다면 매우 불편할 것입니다. 일본에서는 2020년 도쿄올림픽까지는 현금 외에 결제가 가능한 다양한 수단을 확대할 필요성이 있다고 전문가들은 지적하고 있습니다. 이는 비트코인 결제가 증가하는 계기로 이어질 가능성이 높습니다.

북아메리카 지역의 아마존Amazon과 라쿠텐(일본 거대 쇼핑몰 기업)에서는 이미 비트코인으로 구매대금 결제가 가능합니다. 라쿠텐은 향후 일본 전역은 물론 독일, 호주 등에서도 비트코인 결제 서비스를 확대할 예정입니다.

일본 리크루트도 자국 내 비트코인 대형 거래소에 출자를 하고 있기 때문에, 자사의 쇼핑몰과 여행 예약 사이트에서 비트코인 결제 시스템을 도입할 가능성이 높습니다.

덧붙여 말하면 일본의 리크루트, 미쓰비시 UFJ캐피탈, SBI인베스트먼트와 같은 유명 기업이 거래소에 출자를 하고 있는 데는 두 가지 이유가 있습니다.

첫째는, 거래소가 성장 가능성이 큰 기업으로 판단해 출자를 하면 투자자로서 이익capital gain을 얻을 수 있다고 판단한 점입니다. 또 다른 이유는 주주가 됨으로써 향후 자사가 가상화폐 사업을 전개할 때 업무 제휴와 노하우 흡수 과정을 타사보다 유리한 위치에서 추진하기 위함입니다. 그만큼 비트코인을 기반으로 하는 가상화폐에 거는 기대가 크다는 것을 알 수 있습니다.

이미 도쿄 긴자에 있는 회전초밥집, 도쿄 히로오의 이탈리안 레스토랑, 가나가와 쇼난에 있는 곱창집, 시즈오카의 멘도코, 고치의 다이닝, 가고시마의 선술집 등 다양한 지역의 다양한 업종의 상점에서 비트코인 결제가 가능합니다.

비트코인으로 계산을 할 때에는 미리 가상화폐거래소에서 계좌를 만든 후에 비트코인을 구매해 넣어두어야 합니다. 대금을 지불할 때 비트코인으로 결제하겠다는 의사를 밝히고, 절차를 밟으면 사용자의 계좌에서 자동으로 비트코인이 인출됩니다. 체크카드로 계산을 한 경우에 예금계좌에서 돈이 빠져나가는 것처럼 비트코인 역시 동일한 구조로 결제가 이루어집니다.

비트코인으로 계산이 가능한 금액은 계좌에 보유하고 있는 잔고를 기준으로 합니다.

　체크카드와 신용카드는 말 그대로 유형의 카드가 있고 그 카드로 상점에서 단말기를 이용해 결제하지만, 비트코인에는 '월릿'이 있어, 사용자의 '월릿'에서 상점의 '월릿'으로 비트코인을 송금(비트코인의 암호를 보냄)하는 형태로 결제가 이루어집니다. 스마트폰에서 전용 전자결제 서비스를 사용하는 사람들도 있는데, 이것과 비슷한 유형이라고 보면 됩니다.

비트코인의 결제금액은 어떻게 계산되는가?

　상점의 판매 목록 또는 레스토랑의 메뉴판에는 엔 단위로 금액이 기재되어 있습니다. 계산 시에는 그 금액에 준하는 비트코인을 지불합니다.

　예를 들어, 1BTC이 5만 엔일 때 1만 엔의 대금을 지불해야 하는 경우,

$$10,000 \div 50,000 = 0.2$$

　0.2BTC을 지불하면 됩니다.

　비트코인은 가격이 변동하기 때문에, 1BTC이 6만 엔일 때 1만 엔의 대금을 지불해야 하는 경우는,

$$10,000 \div 60,000 = 0.1666666\cdots$$

0.1666666···BTC을 지불하면 됩니다. 1BTC이 4만 엔이라면,

$$10,000 \div 40,000 = 0.25$$

0.25BTC을 지불하면 됩니다.

즉, 비트코인으로 결제를 할 경우 그때그때의 비트코인 가격에 따라 지불 금액이 바뀌게 되는 것입니다. 앞의 예에서도 알 수 있듯이 비트코인의 가격이 높을수록 지불 금액은 줄어듭니다.

엔과 비트코인, 어떤 것으로 지불하는 것이 더 이득일까?

비트코인으로 지불하는 편이 이익인지, 엔으로 지불하는 편이 좋은지는 '비트코인을 구매했을 때의 비트코인 가격'과 '지불할 당시의 비트코인 가격'의 관계에 따라 달라집니다.

예를 들어, 1BTC이 5만 엔 일 때 비트코인을 사서, 1BTC을 지불했습니다. 지불할 때의 비트코인 가격이 1BTC에 5만 엔이라면, 5만 엔에 산 1BTC을 지불하게 돼 실질 부담 금액도 5만 엔이 됩니다.

거꾸로 비트코인 가치가 상승해 1BTC이 6만 엔이 되었다면, 5만 엔만큼의 대금을 지불하는 데에 0.83333···BTC을 지불하면 되기

때문에 실질적으로는 5만 엔이 채 안 되는 비용을 지출하는 것으로, 사용자가 이익을 봅니다.

반대로 비트코인의 가치가 하락해 1BTC이 4만 엔이 된다면, 5만 엔만큼의 대금을 지불하는 데 1.25BTC이 필요하게 됩니다. 5만 엔으로 산 비트코인으로 5만 엔 이상의 대금을 지불해야 하기 때문에 손해를 볼 수 밖에 없습니다. 즉, 매수한 때의 기준보다 가격이 올라갔을 때(가치상승) 비트코인으로 대금을 지불하면 이익을 보고, 가격이 떨어졌을 때 비트코인으로 대금을 지불하면 손해인 구조입니다.

한마디로 정리하자면, 비트코인이 쌀 때 사서 가격이 비쌀 때 사용하면 유리하다는 것입니다. 외국 환율과 같은 이치입니다.

자주 외국에 다니는 사람들 중에는 엔이 비싼 시기에 달러 등을 환전해 두고 나중에 해외에서 사용하는 사람들도 있습니다. 일명 '환투자'라고 하는데, 이 경우는 환율이 떨어졌을 때 달러를 싸게 사서 유용하게 잘 쓰는 것입니다. 당연한 말이겠지만, 비트코인도 가격이 하락했을 때 매수해두면 이익을 볼 수 있습니다.

지불 장소에서 바로 비트코인을 사면 리스크가 없다

앞에서 말한 것처럼 신용카드 결제보다 비트코인으로 결제하는 편이 상점 입장에서 보면 이익입니다. 때문에 비트코인으로 결제를

비트코으로 지불하면 이득일까 손해일까?

예 〉 1BTC이 5만 엔일 때 물건을 산 경우

지불할 때의 BTC 가격	1BTC = 4만 엔	1BTC = 5만 엔	1BTC = 6만 엔
5만 엔 만큼 지불하기 위해 필요한 BTC	1.25BTC	1BTC	0.8333…BTC
실질적인 부담액	(5만 엔 ×1.25BTC) 6만 2,500엔	(5만 엔 × 1BTC) 5만 엔	(5만 엔 × 0.833… BTC) 4만 1,666…엔

매수한 때의 BTC 가격보다 지불할 때의 BTC 가격이 낮은 경우는 BTC로 지불하는 것이 '손해'.

매수한 때의 BTC 가격보다 지불할 때의 BTC 가격이 높은 경우는 BTC로 지불하는 것이 '이득'.

비트코인의 가격 변동에 의해 이득을 볼 수도 있고 손해를 볼 수도 있구나.

이득을 보고 결제를 하기 위해서는 사용 방법과 타이밍에 대해 고민을 할 필요가 있어.

하면 상점으로부터 약간의 서비스를 기대할 수도 있습니다.

'그렇기는 하지만 비트코인 가격이 하락해 지금 비트코인으로 계산을 하는 것은 손해인데'라고 생각될 때에는 다른 방법이 있습니다. 구매대금을 지불하기 직전에 비트코인을 사서 그것으로 결제를 하는 방법입니다.

비트코인은 거래소에 주문을 내는 동시에 순식간에 구매할 수 있어 곧바로 대금 지불에 사용할 수 있습니다.(이를 위해서는 사전에 거래소에 돈을 넣어둘 필요가 있습니다.)

예를 들어, 1BTC이 4만 엔일 때 1만 엔 상당의 구매대금을 비트코인으로 지불하려면 0.25BTC이 필요합니다. 이 0.25BTC을 사기 위해서는 1만 엔이 필요합니다. 거래소를 통해 즉시 1만 엔으로 비트코인을 사서 그 비트코인으로 지불을 하는 것이 가능합니다. 이러한 경우는 비트코인의 가격 변동에 영향을 받지 않습니다.

비트코인의 가격이 낮을 때에는 가급적 사용을 자제하는 편이 좋지만, 역으로 가격이 낮은 만큼 많이 구매할 수 있기 때문에 부담은 거의 같습니다.

거래소에 따라 다르겠지만 비트코인은 0.0001BTC 정도(1BTC = 5만 엔 정도라면 5엔)부터 매매가 가능하기 때문에 필요한 액수만큼 구입하는 것도 가능합니다.

만약 당신이 근무처의 사장으로부터 "당신의 급여를 이번 달부터

計 계산하기 직전에 비트코인을 사면 손해를 보지 않는다

예 〉 1만 엔을 지불하고 싶은 경우

> 1BTC = 4만 엔일 때,
> 1만 엔만큼 지불하려면
> 0.25BTC이 필요.

> 0.25BTC을 사려면,
> 1만 엔이 필요.

➡ 1만 엔에 산 0.25BTC으로 결제.

➡ 비트코인 가격 변동의 영향을 받지 않는다.

> 그 자리에서 비트코인을 구입해,
> 바로 사용하는 것이 가능하구나.

> 비트코인은 구매 수수료가
> 저렴하기 때문에,
> 이와 같은 거래를 해도 손해를 보지 않아.

비트코인으로 지불하겠습니다. 급여는 한 달에 3BTC입니다"라는 말을 들으면 어떻게 해야 할까요. 여러 모로 봐서 거절하는 편이 좋습니다. 비트코인 가격이 하락하면 생각했던 액수(엔)로 교환할 수가 없기 때문입니다.

반대로, "그동안 당신에게 지급한 급여 21만 엔을 그에 상당하는 비트코인으로 지불하겠습니다"라는 말을 들었다면?

이것은 괜찮습니다. 바로 비트코인을 팔면(엔으로 교환한다면), 그동안 받았던 것과 같은 21만 엔을 현금으로 얻을 수 있습니다.

상점 입장에서는?

비트코인은 가격의 변동성이 커 일주일 동안에 5퍼센트 이상이 움직이는 일도 있습니다. 1만 엔으로 책정한 메뉴가 주에 따라서 9,500엔이 되어버린다면 이는 매우 곤란한 일일 것입니다. 때문에 상점 입장에서 생각하면 비트코인으로 결제하는 고객이 많아지면 그만큼 리스크가 늘어날 것이라고 생각할 수 있습니다.

하지만 전혀 걱정할 필요가 없습니다.

앞에서 말했듯이, 대금을 비트코인으로 환산하면 얼마인지 계산하여 청구를 하고, 고객이 비트코인으로 지불함과 동시에 상점에서는 엔으로 교환할 수도 있어 손해 볼 걱정은 없습니다. 상점 입장에서는 어떤 비율이라도 영향이 없습니다.

급여를 비트코인으로 준다는 말을 듣는다면?

"급여를 비트코인으로 지불겠습니다."

"21만 엔 상당의
비트코인을
지불하겠습니다."

YES

비트코인의 가격이
하락해도 21만 엔만큼의 급여를
확보할 수 있다.

"21만 엔 상당의
3비트코인을 매달
지급하겠습니다."

NO

비트코인의 가격이
하락하면 생각했던 액수의
'엔'을 확보할 수 없다.

일상생활에서는 '엔'을 사용하는 일이 많으니까
받은 비트코인의 가치가 '몇 엔'에 해당하는지를
생각하지 않으면 안 되는구나.

물론 이득을 보는 때도 있지만,
'받았을 때'와 '사용할 때'의
비트코인의 가격 차이를 신경 쓰지 않으면 안 돼.

받은 비트코인을 그대로 가지고 있어도 좋다

비트코인으로 지불을 받은 쪽은 곧바로 동일한 가치의 엔으로 바꿀 수 있습니다. 하지만 고객이 지불한 비트코인을 엔으로 바꾸지 않고 그대로 가지고 있는 것도 가능합니다. 이러한 경우, 비트코인의 가격이 상승했을 때 엔으로 바꾸면 이득을 취할 수 있습니다.

외화투자를 한 경험이 있는 사람들은 보다 쉽게 이해할 수 있을 것입니다. 1달러가 90엔일 때 달러를 사서 100엔 일 때에 팔면 10엔의 '환차익'을 얻을 수 있습니다. 이것과 마찬가지로 1BTC이 4만 엔 일 때 구매한 비트코인을 1BTC이 5만 엔일 때에 팔면 1만 엔의 차익을 얻을 수 있는 것입니다. 다만, 보유하고 있는 동안에 비트코인의 가격이 하락하면 거꾸로 손해가 발생합니다.

때문에 상점 입장에서는 반드시 아래의 상황을 충분히 고려한 후에 지불받은 비트코인의 보유 여부를 결정하는 것이 좋습니다.

- 비트코인 아닌 엔을 받는다. → 차익도 손해도 발생하지 않는다.
- 일부는 엔으로 받고, 남은 액수는 비트코인으로 받는다. → 중간 정도의 리스크, 중간 정도의 이익.
- 비트코인으로 받는다. → 하이 리스크, 하이 리턴.

₿ 비트코으로 지불하는 방식

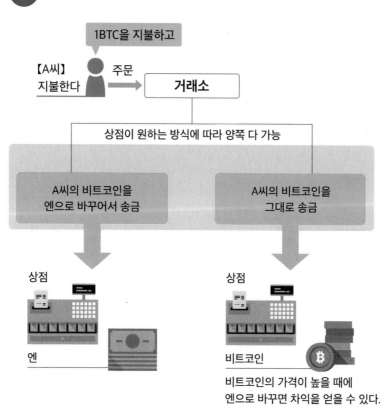

1BTC을 지불하고

【A씨】
지불한다

주문

거래소

상점이 원하는 방식에 따라 양쪽 다 가능

A씨의 비트코인을
엔으로 바꾸어서 송금

A씨의 비트코인을
그대로 송금

상점

엔

상점

비트코인

비트코인의 가격이 높을 때에
엔으로 바꾸면 차익을 얻을 수 있다.

지불하는 쪽 뿐만 아니라, 상점(지불을 받는 쪽)도
비트코인으로 결제할지 엔으로 결제할지를
선택할 수 있구나. 바꾸면 차익을 얻을 수 있고…

손해를 보지 않도록 바로 엔으로 바꾸는 것도
가능하고, 비트코인을 계속 보유한 상태로
차익을 노리는 것도 가능하지.

해외송금은 비트코인이 훨씬 유리

비트코인 해외송금의 순서는 매우 간단합니다.

일본에 있는 A씨가 캐나다에 있는 B씨에게 송금을 하는 경우를 예로 들어 설명하겠습니다.

A씨는 우선 국내의 가상화폐거래소 계좌에 돈을 입금하고, 그 돈으로 비트코인을 삽니다. 그리고 구매한 비트코인을 B씨에게 보내는 절차를 밟습니다. 받을 곳은 캐나다의 가상화폐거래소에 있는 B씨의 계좌입니다. 절차는 A씨의 계좌에 있는 거래소에 인터넷으로 접속해 간단한 주문을 내기만 하면 됩니다.

A씨가 송금이라는 행위를 하게 되면, 캐나다에 있는 B씨의 계좌

에 순식간에 비트코인이 도착합니다. 만약 B씨가 당장 캐나다 달러가 필요하다면 계좌에 입금된 비트코인을 캐나다 달러로 환전해 자신의 은행 계좌에서 출금하면 됩니다. 이것으로 절차는 모두 완료가 됩니다. B씨는 A씨가 송금한 비트코인을 환전해 현지에서 사용할 수 있습니다.

만약 비트코인이 아닌 법정통화를 송금한다면?

A씨는 자신의 은행 계좌에 있는 돈을 캐나다 달러로 환전합니다. 여기에서 우선 1~2퍼센트 정도의 '외환 수수료'가 발생합니다. 10만 엔 일 경우 1퍼센트면 1,000엔, 2퍼센트면 2,000엔의 수수료가 추가되는 것입니다.

A씨는 환전한 돈을 캐나다에 있는 B씨의 은행 계좌로 송금합니다. 이때, 은행에 따라 차이는 있으나 2,500~4,000엔 정도의 '송금 수수료'가 발생합니다. 외환 수수료와 합쳐 총 5,000엔 전후의 수수료가 발생하는 것입니다. 10만 엔을 보내려고 했는데, 결국 B씨가 받게 되는 금액은 9만 5,000엔 정도가 되어버리고 맙니다.

만약, 이것을 비트코인으로 송금하게 되면 0.1퍼센트 정도의 수수료만으로 가능해집니다. 10만 엔 상당의 비트코인을 송금할 경우, 100엔 정도의 추가 수수료만 부담하면 되는 겁니다. 비트코인을 사기 위해 은행에서 거래소로 돈을 입금하는 수수료가 400엔 정도 들더라도 같은 금액을 총 500엔 정도의 수수료만 지불하고 송금할 수 있습니다.

은행이 중앙서버의 보안 유지비로 매년 막대한 비용을 지출하고 있는 것에 반해, 비트코인은 보안 비용이 거의 들지 않기 때문에(블록체인은 채굴에 의해 유지 관리돼, 프로그램상에서 보수가 지불되고 있습니다.) 이와 같은 수수료의 차이가 발생하는 것입니다.

현재 일본에서는 유학하고 있는 자녀에게 비트코인을 송금하는 부모가 지속적으로 증가하고 있습니다. 은행에서 보낼 때 들어가는 외환 수수료와 송금 수수료를 줄일 수 있는 장점이 있기 때문입니다. 특이 우리가 주목할 점은 필리핀에서 비트코인 해외송금이 더 보편적으로 사용된다는 사실입니다.

국민성인지는 모르겠지만, 필리핀 사람들은 돈을 한꺼번에 많이 보내면 보낸 만큼 다 써버리는 경향이 있는 모양입니다. 외국으로 돈을 벌러 간 어머니가 가족에게 생활비를 보낼 때, 한 달치를 모아 한 번에 송금하지 않고 여러 차례 나눠서 송금하는 것을 더 선호한다고 합니다. 한 번 송금하는 데 3,000엔의 수수료가 들면, 네 번으로 나누어 송금했을 시 1만 2,000엔의 수수료가 발생합니다. 하지만 비트코인으로 보내면 400엔 정도의 수수료만 지급하면 됩니다. 때문에 저렴한 외환 수수료와 송금 수수료의 효율적 관리를 위해 해외송금 시 비트코인의 사용이 보편화된 사례라고 볼 수 있습니다.

Ⓑ 해외송금 절차

예 〉 일본에서 캐나다로 송금

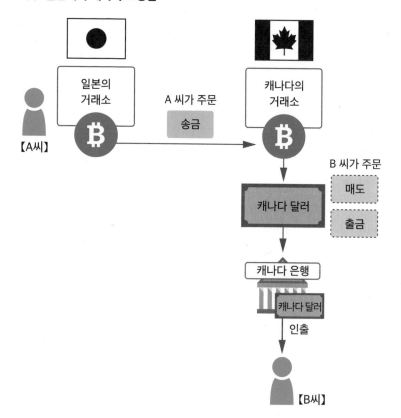

일본의 거래소

캐나다의 거래소

【A씨】

A 씨가 주문
송금

B 씨가 주문
매도
출금

캐나다 달러

캐나다 은행
캐나다 달러
인출

【B씨】

비트코인으로 송금하면
어떤 장점이 있는 거야?

순식간에 송금이 가능하고, 수수료가 저렴하기
때문에 '시간'과 '비용'이라는 두 가지 장점이 있지.

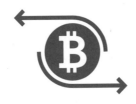

비트코인이 소액의 기부로 세계를 구한다?

　은행에서 송금하는 데 적지 않은 수수료가 든다는 것을 생각하면 적은 금액은 보낼 마음이 쉽게 생기지 않습니다. 그러나 거의 '0'에 가까운 수수료라면? 몇 백 엔 정도의 금액도 가벼운 마음으로 송금할 수 있지 않을까요. 이러한 비트코인의 편리성을 십분 활용한 것이 바로, 비트코인을 사용한 '크라우드펀딩'입니다. 가까운 실례로, 가상화폐거래소의 '코인체크'에서는 다양한 단체에 비트코인으로 기부가 가능한 프로그램을 운영하고 있습니다.

　이 프로그램을 통해 구마모토 지진 피해자 지원을 위한 모금은 약 46BTC(1BTC = 5만 엔, 총 230만 엔)이 모였습니다. 이 밖에, 조기 발견과 조기 치료 등으로 암 정복을 목표로 하는 '일본대암협회'와 동남아시아 어린이들을 지원하는 프로젝트, 전 세계 어린이에게 백신을 보내는 프로젝트 등에 비트코인으로 기부에 참여할 수 있는 기회를 열어 놓고 있습니다.

개인이 보유하고 있는 비트코인을 지원하고 싶은 단체와 프로젝트에 송금하면, 코인체크가 이를 모아 엔으로 바꾸어 각종 단체에 전달합니다. 코인체크 외의 거래소 계좌에서 비트코인을 보내는 것도 가능합니다.

금액에 관계없이 수수료는 몇 엔 정도에 불과합니다. 100엔, 500엔 등 교회에 헌금을 내거나 절에 봉양하는 마음으로 가볍게 기부와 지원을 하는 일이 가능해지는 것입니다. 실로, 비트코인은 다양한 곳에서 다양한 매력을 발산합니다.

제4장

비트코인으로 투자하기

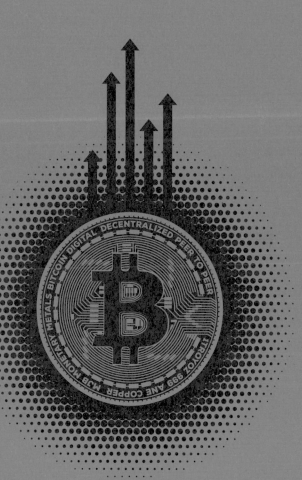

bitcoin

비트코인 투자로 이익을 얻다

소액으로도 투자 가능, 여유자금으로 투자한다

구매대금 지불, 송금, 기부 등 비트코인의 이용 범위가 점점 확대되고 있습니다. 하지만 이용 방법 외에 사실 많은 사람이 비트코인에 관심을 갖는 지점은 바로 '투자'입니다. 주식이나 채권, 외화 등 다양한 투자 대상이 있지만 비트코인도 이들과 마찬가지로 투자가 가능합니다. 비트코인 외에 '이더리움' 또는 알트코인에 투자하는 사람들도 있습니다.

비트코인에 투자해 이익을 얻는 방법은 다양합니다. 그중 가장 간단한 것은, 비트코인의 가격이 상승할 때 차익을 얻는 매매 방법입니다. 반대로 비트코인 가격이 하락한 시점에서 이익을 얻는 방법도 있습니다.

비트코인을 포함한 이더리움, 알트코인 등의 가상화폐는 가격의 변동 폭인 '변동성volatility'이 크기 때문에 일주일 동안 5퍼센트 이상의 가격 변동이 발생하는 일이 종종 일어납니다. 때로는 하루에 10퍼센트 이상이 폭등하기도 합니다. 이론적으로만 접근했을 때, 가격의 변동이 클수록 큰 시세 차익을 얻을 기회가 많습니다.

하지만 기대 가능한 차익이 크다는 것은 그만큼 리스크도 크다는 말이 됩니다. 비트코인만이 아니라 모든 투자가 그렇지만, 큰 수익을 얻게 될 가능성이 있다는 말은 반대로 큰 손해로 이어질 가능성도 높다는 말과 연결됩니다. 따라서 어떠한 경우에라도 여유 자금으로 투자를 하는 원칙을 지켜야 합니다. 1엔이라도 손해를 보면 안 되는 돈은 절대 투자하면 안 됩니다.

대부분 큰 규모의 여유 자금이 없는 경우가 많을 것입니다. 하지만 비트코인이면 괜찮습니다. 비트코인은 1BTC이 몇 만 엔 정도이기 때문에 대부분의 거래소에서 0.0001BTC 정도(1BTC이 5만 엔이면 5엔)부터 매매가 가능합니다. 몇 백 엔을 가지고도 충분히 투자할 수 있습니다. 적어도 몇 만 엔이 필요한 주식 등과 비교하면 시작하기에 훨씬 수월한 투자라고 할 수 있습니다.

FX처럼 레버리지와 같은 수법을 사용하여 투자금의 몇 배나 되는 성과를 노리는 방법도 있습니다.

24시간 365일 언제나 투자가 가능

비트코인 투자의 큰 특징 중 하나가 24시간, 365일 언제나 거래가 가능하다는 점입니다. 주식투자도 야간 거래가 가능한 증권회사가 있기는 하지만, 일반적인 거래 시간과 달리 유동성이 높다고는 할 수 없습니다. FX도 일부 회사에서는 토요일 아침까지 거래가 가능하지만, 일반적으로 일요일은 거래가 불가능합니다.

이에 반해, 비트코인 같은 가상화폐는 야간은 물론, 주말에도 거래가 가능하기 때문에 유동성이 충분히 높은 상황입니다. 평일이나 낮 시간에 일과 육아로 바쁜 사람이더라도 가상화폐라면 충분히 투자를 즐길 수 있습니다.

비트코인 투자자가 급증한다

외국에서도 매매가 활발

외국에서도 비트코인의 투자가 활발한데, 특히 왕성한 투자로 세계 최대의 거래액을 자랑하는 곳은 역시 중국입니다.(일본과 대한민국도 세계 5위권에 드는 비트코인 거래액 강국입니다. - 옮긴이)

여기에는 두 가지 이유가 있습니다. 첫 번째 이유는, 중국인이 투자에 적극적이고, 특히 큰 이익을 기대할 수 있는 자산 운용을 선호하기 때문입니다. 다른 하나는 중국 위안화에 대한 신용도가 낮기 때문입니다. 모든 자산을 중국 위안화로만 보유하지 않고 자국 내 정세의 영향을 받지 않는 비트코인으로 보유하기를 원하기 때문입니다.

미국은 연방법과 주에 따라 다르지만, 기본적으로는 비트코인을 주식이나 채권과 같은 상품으로 간주합니다. 미국 최대의 가상화폐 거래소인 '코인베이스'는 2015년에 50개 주 가운데 24개 주에서 가상화폐교환업의 승인을 받았습니다. 지금까지 4,100억 엔 이상의 가상화폐가 거래되었습니다. 2016년 하반기 기준으로 430만 명 이상의 고객이 있고, 예치금 자산은 750억 엔에 이릅니다. 기업으로 치면 100억 엔 이상의 자금 조달을 실현한 셈입니다. 이는 가상화폐가 먼 미래의 이야기가 아니라 현존하는 사업 모델로서 성장 가능성이 크다는 것을 의미합니다.

일본 내에서도 2016년 7월을 기점으로 하루에 100억 엔이 넘는 거래가 이루어지고 있습니다. 이전에는 하루 거래액이 30억 엔 정도에 머물렀지만, 2016년 4월부터 거래액이 급증해 두 달 후인 6월에는 100억 엔을 돌파하였습니다.

가상화폐의 거래가 활발해진 가장 큰 이유는 비트코인이 '반감기'에 진입했기 때문입니다. 앞에서 여러 번 언급했지만, 비트코인은 발행 속도와 상한액이 정해져 있습니다. 2016년 7월 16일 이전까지 하루 발행량 25BTC이던 것이 12.5BTC으로 반감되었습니다. 때문에 "비트코인은 더 확산된다. 그러나 발행양은 점점 줄어든다…… 그렇다면 가격은 무조건 오르는 것이 아닐까" 하는 기대로 비트코인 매매가 활발하게 이루어지고 있는 것입니다.

비트코인 사용 인구의 증가

비트코인의 거래에 참가하는 사용자의 수도 증가한 것으로 보입니다.

2016년 10월 기준으로 일본 내에는 총 10여 개의 가상화폐거래소가 개설되었습니다. 주요 거래소의 계좌 개설 수는 각각 1~2만 정도로, 가장 많은 곳은 20만 계좌가 넘습니다. 전체 계좌 수는 30만 개지만, 비트코인 거래에서는 한 사람이 여러 개의 계좌를 갖고 있는 경우도 많아, 실제 빈번하게 거래를 하는 사용자는 1만 명 정도로 추산됩니다.

덧붙여서 말하면, FX의 계좌 개설 수는 585만 계좌, 실제 사용하고 계좌는 80만이 조금 안 됩니다. 이와 비교하면 비트코인 시장에 진입한 사람은 아직 매우 적은 수라 사용자는 증가 일로에 있다고 말할 수 있습니다. 이는 투자 대상으로 비트코인에 충분한 매력이 있다는 증거입니다. 특별한 변수가 발생하지 않는다면, 사용자의 수는 앞으로 더욱 증가할 것입니다.

다른 사람보다 한 발 앞서 비트코인에 투자한 사람은 투자 경험이 풍부할 것이라고 생각할 수 있지만, 실제로는 그렇지 않습니다. 현재 비트코인에 투자를 하고 있는 대부분의 사람이 주식투자와 FX

를 적극 투자하고 있기보다는, 투자 경험이 거의(또는 전혀) 없는 경우가 대부분입니다. '지금까지 세상에 존재하지 않던 자산이기 때문에 투자해보고 싶다'고 생각하는 사람이 꽤 많습니다.

그중에는 "투자를 선호하기보다 기술 쪽에 흥미가 있다"고 말하는 사람도 적지 않습니다. 비트코인이 여기까지 보급된 데에는 사용자들이 투자는 물론, 블록체인 같은 신기술에 관심을 보였기 때문인 경우가 상당수 있습니다. 이러한 면에서 보면 투자에 흥미가 있는 사람뿐만 아니라 기술에 관심이 있는 사람들이 비트코인 거래를 주도하고 있다는 게 특징입니다.

그럼에도 불구하고 여전히 비트코인은 위험하다고 생각하는 사람이 있습니다. 하지만 2017년 5월 개정자금결제법 시행이 계기가 돼 본격적인 인기몰이가 시작됐습니다. 앞으로 비트코인을 이용하거나 투자하는 사람들이 더욱 증가할 것으로 보입니다.

개정자금결제법 시행으로 FX회사나 증권회사에서도 비트코인의 매매가 가능해질 가능성이 커졌습니다. 그렇게 된다면 비트코인에 흥미를 가지는 사람들이 급격하게 늘어나면서 거래량 또한 크게 증가할 것입니다.

지금은 계좌 개설자의 80퍼센트 정도를 남성이 차지하고 있으며, 연령대별로는 30대, 40대가 가장 많지만, 앞으로는 여성은 물론 20대, 50대 사용자의 참여도 크게 늘어날 가능성이 높습니다.

비트코인 거래량 추이 예측

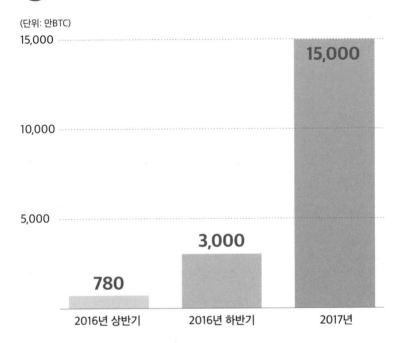

(단위: 만BTC)

15,000 ···

10,000 ···

5,000 ···

780 2016년 상반기

3,000 2016년 하반기

15,000 2017년

■ 거래량에는 신용거래도 포함됨.

(출처: 시드플래닝, 〈FinTech의 미국, 일본 최신 시장 동향과 비즈니스〉)

지금까지의 몇 배나 되는 사용자의 참여가
예상되고 있구나!!

지금까지의 몇 배나 되는 사용자의 참여가
예상돼. 특히 2017년의 개정자금결제법 시행이
큰 계기가 되어, 향후 많은 금융업자가
상품으로 취급하게 될 가능성이 높아.

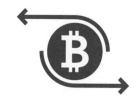

매매로 가격 상승 이익을 노린다

비트코인은 가격 변동이 심하다

투자로 이익을 내는 가장 간단한 방법은 매매에 의한 가격 상승 차익을 노리는 것입니다. 비트코인 가격이 하락했을 때 매수해서 가격이 상승할 때 팔면, 그 차액으로 투자자는 이익을 얻습니다.

가상화폐에 투자자가 몰리면서 어느 정도의 이익을 얻을 수 있을지 관심이 집중되고 있습니다. 그러나 투자에 앞서 알아두어야 할 것이 있습니다. 바로, 비트코인은 가격 변동이 심하다는 사실입니다.

주간 가격 변동률이 5퍼센트 정도인 것은 드문 일도 아닙니다. 7만 엔이었던 것이 일주일 동안 7만 3,500엔으로 올랐다가 6만

3,500엔까지 떨어진 적도 있습니다.

타이밍만 좋다면 일주일에 5퍼센트씩, 1개월에 20퍼센트의 이익을 낼 수도 있습니다. 실제로 한 달 동안 20퍼센트 이상의 수익을 올린 사람도 있습니다.

다만, 기대할 수 있는 이익이 크다는 것은 리스크도 크다는 뜻도 되기 때문에 반드시 주의가 필요합니다.

지금까지의 가격 추이

비트코인 투자를 시작하기에 앞서 가격 결정 과정에 대해 살펴보도록 합시다.

비트코인의 가격은 수요와 공급에 의해 결정됩니다. 경기가 나쁘면 수요(사용되는 양)가 줄어 비트코인의 가격이 하락할 가능성이 있지만, 역으로 이용이 증가하면 당연히 가격은 상승하게 됩니다.

비트코인은 2009년에 탄생했습니다. 탄생 직후의 가격은 0.002달러(0.2엔 정도)였습니다. 비트코인이 처음으로 결제에 사용된 것은 두 판의 피자와 1만BTC의 교환이었다고 전해지고 있습니다. 1BTC이 6만 엔이라고 한다면, 피자 두 판을 6억 엔으로 산 셈이 됩니다. 비트코인이 처음 결제에 사용된 2010년 5월 22일을 사람들은 '비트코인 피자데이'라고 부릅니다.

2012년 하반기부터 서서히 인지도를 높여 처음으로 가격이 상승

기세로 전환한 시기는 2013년 3월에 발생한 '키프로스 위기(키프로스공화국에서 발생한 금융위기)' 때라고 알려져 있습니다. 다음 달인 4월에는 200달러(엔화, 약 2만 엔)를 처음으로 돌파했습니다.

그때부터 갑자기 비트코인의 거래량이 증가해 같은 해 12월에는 1,200달러(12만 7,800엔) 부근까지 급등하였습니다. 하지만 최고가를 기록한 바로 다음 날, 중국 정부가 금융기관에 의한 비트코인 취급을 금지하자 단숨에 가격이 폭락해 400달러(엔화, 약 4만 엔)까지 폭락했습니다.

마운트곡스가 파산했지만, 비트코인 가격에 끼친 영향은 경미했습니다. 그 뒤로 오히려 가격이 상승해 600달러(6만 엔)까지 올랐습니다.

그 후, 미국의 거래소인 비트스탬프가 해킹 피해를 입었다는 뉴스가 보도되면서 한때 200달러 선이 붕괴되기도 했습니다. 이후 유럽 사법재판소가 비트코인을 사실상의 통화로 인정한다는 판결을 내리자 다시 비트코인의 가격은 400달러(엔화, 약 4만 엔) 선을 회복하였습니다. 게다가 같은 해 7월에 맞이할, 비트코인의 발행량이 반으로 줄어드는 '반감기'를 앞두고 2016년 4월경부터 서서히 가격이 오르기 시작해 6월에는 800달러(엔화, 약 8만 엔)까지 가격이 상승하였습니다. 6월에는 영국이 국민투표에 의해 EU 탈퇴를 선언하면서 세계 경제가 요동쳤지만, 이때도 세계 각국의 정책에 영향을 받

₿ 비트코인 가격 추이(장기)

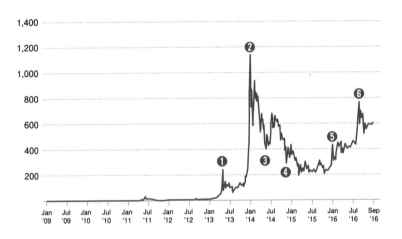

❶ 가격 상승 시작(키프로스 위기에 의해 비트코인을 안전자산으로 간주)

❷ 가격 폭등 및 폭락(중국 정부, 금융기관의 비트코인 취급 금지)

❸ 마운트곡스의 파산

❹ 미국 비트스탬프의 해킹 피해

❺ 유럽 사법재판소에 의한 통화 인정

❻ 반감기에 따른 가격 상승

가격의 상승과 하락을 반복하면서,
비트코인의 가격은 상승하고 있구나!!

일본에서도 유명한 마운트곡스의 파산 때는
일시적인 가격 하락에 그쳤다는 것을
알 수 있지.

지 않는 비트코인 매수세가 크게 늘어났습니다.

이와 같이, 비트코인의 가격 형성 요인은 수요와 공급, 또는 가상화폐에 관한 뉴스에 바탕을 두고 있습니다. 물론, 정부가 개입하지 않는다는 점 또한 가장 큰 특징입니다.

큰 흐름으로는, 비트코인의 이용 범위가 확대되고 매매에 참여하는 사람이 증가함으로써 수요가 커지는 것으로 볼 수 있습니다. 다른 한편으로는, 공급은 줄어들고 발행량의 상한선도 정해져 있습니다. 수요가 증가하고 공급은 줄어든다, 이와 같은 경우라면 장기적으로 가격이 상승 추세에 있을 것으로 보아도 좋을 것입니다.

뉴스도 가격 변동의 요인

가상화폐와 관련한 좋은 뉴스와 나쁜 뉴스도 비트코인 가격에 영향을 끼칩니다.

예를 들어, 2016년 8월에는 하루 동안 15~20퍼센트나 가격이 요동을 치는 일도 있었습니다. 이것은 홍콩의 비트피닉스라는 가상화폐거래소에서 비트코인을 도난당했다는 악재가 있었기 때문입니다. 사실이라면 비트코인 보안에 심각한 구멍이 뚫린 것이겠죠.

문제 발생에 대한 상세한 정보가 없는 상태로 500달러(5만 1,000엔)에서 580달러(5만 8,000엔)까지 회복을 한 것은 당시 대기 수요가 있었기 때문입니다. 이런 대기 수요가 없었더라면 가격이 훨씬 더 하락했을 것입니다.

　악재가 나오면 '비트코인은 위험한 것'이라고 생각하는 사람들이 늘어나지만, 다른 한편으로 '이건 하나의 뉴스일 뿐, 비트코인의 본질적 가치는 흔들리지 않는다'고 생각하는 사람도 서서히 늘어나기 시작했습니다. 가격이 하락했을 때를 기회로 간주하고 매수하는 사람들이 점차 늘어나면서 외부 요인에 따른 일시적 가격 하락이 줄어든 것입니다.

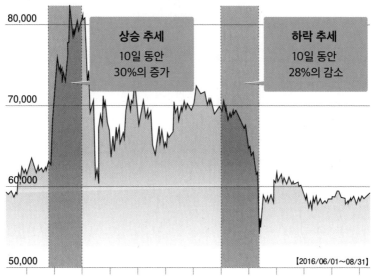 비트코인 가격 추이(단기)

상승 추세
10일 동안
30%의 증가

하락 추세
10일 동안
28%의 감소

80,000

70,000

60,000

50,000

【2016/06/01~08/31】

6,Jun 13,Jun 20,Jun 27,Jun 4,Jul 11,Jul 18,Jul 25,Jul 1,Aug 8,Aug 15,Aug 22,Aug 29,Aug

8월의 가격 폭락은 비트피닉스에서 발생한
비트코인 도난사건 때문이구나.

이러한 나쁜 뉴스는 큰 가격 하락의 요인이 돼.
한편으로는 이때를 기회로 보고
매수하는 사람도 있지.

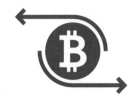

장기냐 단기냐, 리스크를 줄이는 매수 방법

장기보유가 좋은가, 단기매매가 좋은가

비트코인 가격은 장기적으로는 상승하고 있는 것으로 보입니다. 이 점을 생각하면 조금씩 매수해 나가면서 천천히 가격 상승을 기다리는 것도 좋은 방법일 것입니다.

하지만 장기적으로는 상승한다고 하더라도 일직선으로 계속해서 상승하는 것은 아닙니다. 상승과 하락을 반복하면서 상승곡선을 그릴 가능성이 높다고 할 수 있습니다. 따라서 어느 정도 상승을 하면 매도해서 이익을 확보하고, 조금 하락하면 다시 매수해 오른 때를 기다려 파는 것을 반복하는 것도 좋은 투자 방법입니다.

장기보유와 단기매매

장기보유	장기간의 가격 상승을 기대

단기매매	단기적인 시세를 파악

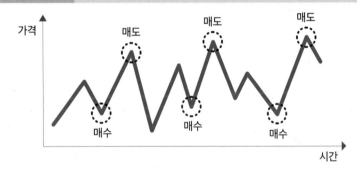

어떠한 방법으로 운용하는가에 따라 매수와 매도의 '타이밍'이 다르구나.

비트코인의 상승 추세를 살린 '장기보유'와 자주 매매해 조금씩 이익을 실현하는 '단기매매'. 각각의 장점을 살려 운용하는 것이 좋지.

리스크를 줄이기 위해서는 분할 매수

비트코인 투자에 따른 리스크를 줄이기 위해서는 한 번에 많은 양을 매수하는 것보다, 조금씩 시기를 나누어 매수하는 것이 안전합니다. 한 번에 많은 양을 매수해 버리면 결과적으로 비쌀 때 한꺼번에 사버리는 실패를 경험할 수 있기 때문입니다. 주식의 분산투자와 비슷한 맥락으로 이해하면 보다 쉽게 접근할 수 있습니다. 매입 단가를 점진적으로 낮추는 방식이 핵심입니다.

또한, 매도할 타이밍에 대해서도 판단에 망설임이 생기면 반만 팔고 남은 반은 보유하는 방법도 있습니다. "그때 팔아버렸으면 좋았을 걸……"이라고 후회하는 실패도, "좀 더 기다렸으면 가격이 상승했을 텐데……"라며 아쉬워하는 마음도 어느 정도 달래주는 효과적인 방법입니다. 일부를 매도하고 일부를 남기면 결과에 따른 충격을 조금은 덜 수 있습니다.

지정가 주문과 시장가 주문

거래소에 따라서는 일정 금액이 되면 매수(매도)할 수 있도록 미리 가격을 지정할 수도 있습니다. 이것을 '지정가 주문'이라고 합니다. 사용자가 미리 지정한 금액이 되면 자동으로 주문이 이루어지기 때문에 일하는 중에도 매수 또는 매도의 기회를 놓치지 않아도 돼 편리합니다. 다만, 지정한 금액에 도달하지 않으면 거래 자체가 체결되지 않기 때문에 크게 욕심을 내지 않은 합리적인 선에서 미리 금액을 설정해야 합니다.

'얼마가 되어도 좋으니 무조건 매수(매도)하겠다' 같은 경우에는 '시장가 주문'으로 설정하면 됩니다. 이 경우에는 그날의 가격을 꼼꼼하게 체크한 뒤 주문하는 것이 좋습니다.

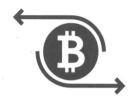

환율과 비트코인 가격과의 관계

비트코인은 각국의 통화로 거래된다

비트코인은 현재 전 세계 대부분의 국가에서 거래되고 있습니다. 이전에는 비트코인의 거래를 금지하거나 제한했던 나라도 서서히 비트코인을 인정하고 있는 추세입니다.

미국에서는 '달러 대 비트코인', 유로권에서는 '유로 대 비트코인', 일본에서는 '엔 대 비트코인'과 같이 제2의 '통화'로 매매되고 있습니다.

그렇다면, 각국에서의 비트코인 가격은 어떻게, 무엇으로 결정되는 것일까요?

예를 들면, '금'은 미국 달러 기준으로 가격을 정합니다. 일본에서는 그것을 엔으로 환산해 가격을 결정합니다. 당연히 유럽권에서도 유로로 환산해서 거래 가격을 정합니다. 미국의 달러로 금 가격이 정해지고, 여기에 환율을 적용해 다시 엔화로 계산되는 이유는 미국의 달러가 전 세계의 기축통화이기 때문입니다.

주식도 마찬가지입니다. 미국의 나스닥에 상장되어 있는 주식을 일본에서 투자하는 경우, 주가가 1,000달러이고 환율이 1달러당 100엔이면 다음과 같은 계산이 성립됩니다.

$$1,000 \times 100 = 100,000$$

즉, 일본에서는 주식 1주를 매수하는 데 10만 엔의 비용이 필요하게 됩니다.(환전 수수료 제외) 이 경우, 주식 가격은 어디까지나 하나이며, 일본의 엔으로 투자할 경우 필요한 액수는 주가를 엔으로 환산하면 되는 것입니다.

비트코인은 이와 같은 방식과 다릅니다.

우선 알아 두어야 할 것은 '비트코인은 미국 달러로 가격이 정해지지 않는다'는 점입니다. 가격의 추이를 보기 위해 편의상 미국 달러가 이용되는 경우가 많지만, 비트코인에 대한 미국 달러 가격이 별도로 정해져 있는 것이 아닙니다.

'달러 대 비트코인', '유로 대 비트코인', '엔 대 비트코인' 등은 각각의 경우 가격이 다릅니다. 어느 경우든 달러로 비트코인을 사고 싶은 사람과 팔고 싶은 사람의 밸런스(수급 밸런스), 유로와 비트코인의 수급 밸런스로 가격이 정해집니다.

금에 투자한 경험이 있는 사람은 혼란스러울 수도 있겠지만, '엔 대 비트코인'의 가격은 '달러와 비트코인의 가격×환율'로 정해지는 것이 아닙니다. 해당 국가의 수요와 공급으로 정해진다는 점을 명확히 인지해야 합니다.

환율과 비트코인 가격의 밀접한 관계

그러면 비트코인의 가격과 통화에는 어떠한 관계가 있는 것일까요?

앞에서 설명했듯이, 비트코인은 '달러와 비트코인의 가격×환율'로 가격이 정해지는 것은 아니지만, 실제로는 환율의 영향을 크게 받습니다. 쉽게 말하면, 환율의 움직임과 비트코인의 가격 변동 폭은 다르지만, 움직임은 같다는 겁니다. 엔이 오르면 '엔 대 비트코인'의 가격은 하락하고, 엔이 하락하면 '엔 대 비트코인'의 가격은 상승합니다.

엔이 비싸지면 '엔 대 비트코인'의 가격이 싸지기 때문에 투자의 기회가 되는 것이고, 거꾸로 엔이 싸지면 '엔 대 비트코인'의 가격이 비싸지기 때문에 이때 비트코인을 매도하면 차익을 얻기 쉽습니다. 투자를 할 때 '엔이 상승하면 엔 대 비트코인의 가격은 하락한다'라는 관계성을 기억해두면 좋습니다. 실제로 이와 같은 투자 행태를 보이는 사람이 많습니다.

국제 분산투자

자산운용에 있어 자국의 통화뿐만 아니라 통화 분산을 꾀하는 것도 중요합니다. 비트코인을 활용해 통화를 분산시킬 수도 있습니다.

예를 들어, 달러를 원하는 경우에는 거래소에서 엔으로 비트코인을 사고 이것을 달러로 교환합니다. 일반적인 외환투자에서는 환전 수수료가 들지만 비트코인을 사용하면 수수료가 저렴해집니다.

상급 투자자 중에서는 비트코인으로 '환헤지'를 하는 사람, 환율과 비트코인 시세의 '아비트리지거래'(뒤에서 좀 더 자세히 설명하겠습니다)를 통해 이익을 얻는 사람들도 있습니다.

거래소에 따라 취급하는 종류가 달라 필리핀의 '페소 대 비트코인', 인도네시아의 '루피아 대 비트코인' 등을 취급하는 거래소도 있습니다.

다만, 소수의 통화는 거래량이 적어 사고 싶을 때 살 수 없고 팔고 싶을 때 팔 수 없는 '유동성 위험'이 있습니다. 가격 변동폭도 크기 마련입니다. 위험성을 감안하고 보다 높은 이익을 노린 경우의 선택지로 생각하는 것이 좋겠습니다.

앞으로 환전소가 대응만 해준다면 외국에 나갈 때 엔을 미국 달러로 바꾸는 것이 아니라, '엔 대 비트코인'을 미국 달러로 바꾸는 일도 가능해질 것입니다. 엔을 외화로 바꾸면 수수료가 높지만, 비트코인으로 환전하면 상대적으로 저렴한 수수료로 외화를 손에 넣을 수가 있습니다.

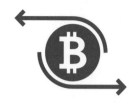

거래소 가격 차로 돈을 버는 '아비트리지'

비트코인의 가격은 거래소에 따라 다르다

현재 일본 내에는 10여 개의 가상화폐거래소가 있지만, 비트코인을 거래하고 있는 사람 중에는 여러 곳의 거래소에 계좌를 열어 두고 거래를 하는 사람도 적지 않습니다.

왜 이런 경우가 생길까요. 비트코인의 가격이 보다 싼 거래소에서 사서 그것보다 비싸게 팔고 있는 거래소에서 매매를 하기 위해서입니다.

비트코인 가격이 거래소마다 조금씩 다르다는 점을 알고 이를 활용해 투자를 하는 사람들이 점차 늘어나고 있습니다.

주식투자에서는 어느 증권회사에서 매매를 해도 주식 가격이 동일하지만, FX를 포함한 외환투자에서는 FX회사와 증권회사, 그리고 금융기관에 따라 각각 가격이 다릅니다. 비트코인 역시 외화와 마찬가지로 거래소에 따라 가격에 차이가 있습니다.

거래소에 따라 가격이 다른 이유는 각각의 거래소가 다른 거래소의 가격을 보고 '우리는 더 싸게 팔아야겠다'라든지 '비싸게 사야겠다'라며 경쟁하기 때문이 아닙니다. 앞에서 여러 차례 강조했듯이, 비트코인 가격은 수요와 공급에 의해 정해집니다. 거래소마다 사고 싶은 사람과 팔고 싶은 사람의 비율이 다르기 때문에 가격이 각기 다르게 적용되는 것입니다.

싼 거래소에서 사서 비싼 거래소로 송금

다른 거래소에 비해 특정 거래소의 비트코인 가격이 항상 낮지는 않지만, 자연스럽게 몇 가지의 차이가 생기게 마련입니다. 예를 들어, 지금 이 시간에는 A 거래소의 비트코인 가격이 낮고. 다른 시간에는 B 거래소의 비트코인 가격이 낮을 때가 있습니다. C 거래소는 대부분 다른 거래소에 비래 비트코인의 가격이 낮아 주로 거래를 하지만, 가장 낮은 곳은 아닙니다. 다른 거래소보다 항상 비트코인의 가격이 낮은 거래소는 없습니다. 때문에 거래소마다 그때그때 벌어지는 가격 차에 주목해 이익을 얻을 수 있습니다.

아비트리지의 구조

거래소 【A】

살 때 / 64,019
팔 때 / 64,020

거래소 【B】

살 때 / 63,199
팔 때 / 63,928

거래소 【C】

살 때 / 64,037
팔 때 / 64,051

매수 → 송금 → 매도

63,199엔에 산다　　　64,051엔에 판다

[실제 가격 차의 예]

	살 때 가격	팔 때 가격
거래소 【A】	62,398	62,449
거래소 【B】	62,584	62,585
거래소 【C】	62,503	62,510

외화도 금융기관에 따라 가격이 다르지만,
비트코인도 그렇구나.

상대적으로 비트코인의 가격이 저렴한 거래소에서
사서 비싼 거래소에 파는 것으로 이익을 얻는다,
이것이 '아비트리지거래'라는 거야.

구체적으로는 보다 싼 곳에서 비트코인을 사서 비싸게 팔고 있는 거래소로 비트코인을 송금한 뒤, 그곳에서 비트코인을 파는 방식입니다. 이것을 '아비트리지 거래'(차익거래)라고 합니다.

이것이 가능한 이유는 비트코인은 수수료를 거의 내지 않고 송금이 가능하기 때문입니다. 수수료가 상당할 경우 그 비용을 상회하는 만큼의 가격 차가 발생하지 않으면 이익을 얻을 수 없습니다. 이것은 블록체인 기술에 의해 저렴한 수수료로 거래가 가능한 비트코인의 강점이면서, 그야말로 송금 수수료가 거의 들지 않는 비트코인이기 때문에 실현 가능한 것입니다.

기본적으로 거래소에 따른 가격 차는 1BTC당 몇 백 엔 정도에서 몇 십 엔 정도입니다. 수수료를 거의 내지 않고 송금이 가능하면 그것만으로도 충분히 이익을 얻을 수 있는 것입니다.

예를 들어, 2016년 9월 어느 날 비트코인의 가격이 가장 낮은 B 거래소에서 6만 3,199엔에 비트코인을 사 가격이 가장 높은 C 거래소에 팔면, 852엔의 차익을 얻을 수 있습니다.(수수료 제외)

적은 금액이기는 하지만 이러한 방식으로 하루에 2회, 3회 거래를 하면 이익이 쌓입니다. 용돈벌이 삼아 '아비트리지거래'를 해보는 것도 좋은 방법입니다. 더구나 가상화폐거래소에 계좌를 열 경우 일반적으로 계좌 개설 수수료와 유지 수수료는 들지 않습니다. 비용에 대한 부담 없이 여러 개의 계좌를 가질 수 있는 것입니다.

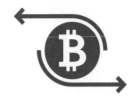

적은 자금으로도 큰 투자가 가능하다

증거금거래란

앞에서 여러 차례 강조한 것처럼 비트코인은 몇 백 엔으로도 매매가 가능합니다. 투자하는 액수가 적으면 얻을 수 있는 이익도 한정적이지만 '증거금거래'라는 수법으로 투자를 한다면 크게 이익을 얻을 수도 있습니다. '증거금거래'란, 일정액의 증거금을 담보로 해서 비트코인을 거래하는 방식을 말합니다. 증권 거래에서도 자주 쓰이는 방식으로, 거래 방식 또한 비슷합니다.

'현재 내 수중에 있는 자금의 몇 배로 거래를 할 것인가', 그 배율을 '레버리지'라고 합니다.

Ⓑ 증거금거래의 구조

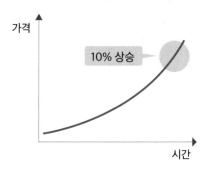

현물거래

10만 엔 투자로 1만 엔 이익

증거금거래(레버리지 10배의 경우)

10만 엔 증거금으로 10만 엔 이익

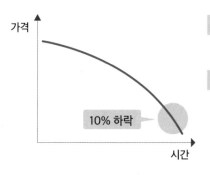

현물거래

10만 엔 투자로 1만 엔 손실

증거금거래(레버리지 10배의 경우)

10만 엔 증거금으로 10만 엔 손실

'증거금거래'는 보다 큰
액수의 투자가 가능하구나.

이익을 크게 기대할 수 있는 만큼
손실 리스크도 커지지.
우선은 현물 거래부터 시작하는 것을 추천해.
이것이 '아비트리지거래'라는 거야.

좀 더 쉽게 설명을 한다면, 수중에 있는 자금 10만 엔으로 레버리시 10배를 설정할 경우, 10만 엔을 증거금으로 100만 엔까지 거래가 가능합니다.

　　예를 들어, A씨는 10만 엔을 가지고 통상적인 현물거래를 합니다. 반면, B씨는 10만 엔을 증거금으로 레버리지 10배로 증거금거래를 합니다. 두 사람이 비트코인을 매수한 뒤 가격이 10퍼센트 올랐다고 가정을 하면, A씨는 '10만 엔×10%'로 1만 엔의 이익을 얻습니다. 하지만 B씨는 100만 엔만큼의 비트코인을 매수했기 때문에, '100만 엔×10%'로 10만 엔의 이익을 얻을 수 있습니다. 증거금거래에 의해 투자액이 많아지는 만큼 기대할 수 있는 이익도 커지는 것입니다.

　　다만, 기대할 수 있는 이익이 클수록 그만큼 리스크도 커집니다. 좀 전의 예에서 거꾸로, 비트코인 가격이 10퍼센트 하락하게 되면, A씨는 '10만 엔×10%'로 1만 엔의 손실을 입게 되지만, B씨는 '100만 엔×10%'로 10만 엔의 손실을 입게 되는 것입니다.

'증거금'과 '추가 증거금'을 알아 두자

　　증거금거래를 할 때에는 '증거금'이 필요하고, 비트코인의 가격이 하락하여 손실이 난 경우에는 증거금으로 손실액을 정산하게 됩니다.

예를 들어, 증거금 10만 엔으로 거래를 하여 2만 엔의 손실이 발생한 상태에서 매도를 하려고 한다면, 증거금에서 2만 엔이 빠져나가게 됩니다.

만약에 10만 엔의 손해를 보고 있는 상태라면 어떻게 될까요.

이 경우 거래소가 강제적으로 정산을 집행합니다. 즉, 강제적으로 비트코인을 매도하는 것입니다. 이때 10만 엔의 손실이 확정되고, 이 10만 엔은 증거금에서 충당하게 됩니다. 이것은 '로스컷'이라고 하는 룰로써, 더 큰 손실을 막기 위한 것입니다.

시장 가격이 급격하게 변동하는 경우에는 '로스컷'을 해도 증거금의 액수를 웃도는 손실이 발생하는 경우도 있습니다. 이와 같은 경우에는 부족한 액수만큼 채워 넣지 않으면 안 됩니다.

거래소에 따라서는 증거금의 일정 수준까지 손해가 발생하면 로스컷을 하는 곳도 있습니다. 상세한 규정은 거래소마다 다릅니다.

덧붙여 말하면, 주식투자에서도 증거금거래가 가능하지만 증권회사에 따라서는 주가 하락에 따른 손실액을 증거금에서 차감하기도 합니다.

증거금의 잔액이 일정 수준 이하를 밑돌게 되면 추가로 증거금(추가 증거금)을 적립하도록 요구하는 곳도 있습니다. 거래를 계속하다 보면 가격이 상승해 손실을 회복할 가능성도 있지만, 가격이 계속 하락해 손실이 더 커지는 일이 발생할 수 있습니다. 추가 증

₿ 로스컷의 구조

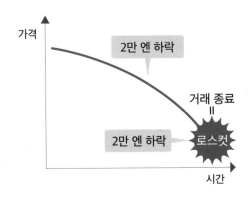

2만 엔 하락한 때 매도하면

증거금 ⌐ ⌐ 하락한 만큼 몰수

전액 몰수

증거금거래에 따른
막대한 손실을 막기 위한 것이 '로스컷'이구나.

로스컷이 있어도 급격한
가격 변동에는 대응이 어려운 경우도 있으니
주의가 필요해.

거금이 필요하게 된 단계에서는 거래 중지를 검토하는 것도 중요
합니다.

레버리지가 클수록 고위험 고수익

레버리지의 크기는 거래소에 따라 다르며 몇 개의 배율에서 고
르는 것이 일반적입니다. 배율이 클수록 고위험 고수익이기 때문에
어느 정도까지 리스크를 허용할 수 있는지를 생각한 뒤, 신중하게
투자할 필요가 있습니다. 증거금거래는 고위험 고수익이니 투자에
익숙해지고 난 후, 검토하는 것이 바람직할 것입니다.

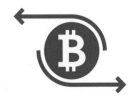

가격이 하락해도 이익을 기대할 수 있다

모든 투자 거래가 그러하듯이 비트코인 투자 역시 가격이 오른 시점에서 매도를 해 차익을 보는 것이 일반적입니다. 하지만 비트코인은 가격이 하락하는 국면에서도 이익을 얻는 방법이 있습니다. 흔히 '매도부터 시작한다(선물거래)'라고 말하는 투자 방법입니다.

매도부터 시작한다는 것은 '매수한 것을 매도한다'가 아니고 '우선은 매도하고 나중에 매수한다'는 것입니다. 쉽게 말하자면, 비트코인을 빌려 매도한 후 나중에 비트코인을 매수해서 돌려주는 것입니다.

예를 들면, 1BTC이 6만 엔일 때에 비트코인을 빌려 매도하고 5만 엔으로 하락했을 때 매수해 돌려주면 1만 엔의 이익을 얻게 되는 것입니다. 비트코인 가격이 하락함으로써 오히려 이익이 발생하게 되는 것이지요.

매도부터 시작하는 경우에도 '증거금'은 필요합니다. 기대한 만큼 비트코인의 가격이 움직여주지 않았을 때(하락할 것으로 생각했지만 상승한다던지)에는 빌린 비트코인을 반환하지 못할 수도 있기 때문에 증거금을 담보로 하는 것입니다.

또한, 비트코인의 가격이 일정 수준을 넘어가는 등 자본 손실이 커지는 경우에는 로스컷이 될 수도 있습니다.

증거금거래를 하는 동안은 거래소에 소정의 수수료를 내야 하는 경우도 있습니다. 대부분의 거래소에서 선물거래가 가능하며 레버리지를 하는 것도 가능합니다. 하지만 레버리지가 클수록 리스크가 커지니 주의하셔야 합니다.

선물거래의 구조

현물거래 | **매수부터 시작**

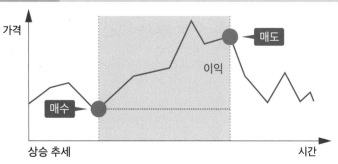

상승 추세

선물거래 | **매도부터 시작**

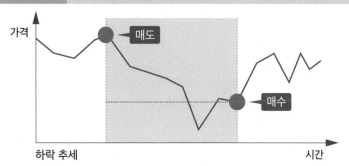

하락 추세

가격이 하락한 때에 이익을 얻을 수 있는 것이 '선물거래'구나.

선물거래에서 레버리지를 거는 것이 가능하지만, 레버리지의 크기에 따라 리스크도 커질 수 있으니 매우 신중할 필요가 있어.

비트코인 투자 리스크

　투자는 자기 책임하에 해야 합니다. 주식, 채권, 외화, 금과 같은 모든 투자에서 이익을 바라지만, 그만큼 늘 위험도 따릅니다. 이는 비트코인도 마찬가지입니다.

　비트코인 투자에 있어 가장 큰 리스크로 꼽는 것은 가격 급락입니다. 그리고 급락의 요인으로 가장 많은 것이 거래소에서 발생하는 문제입니다.

　2016년 8월, 홍콩 최대 거래소인 비트피닉스에서 비트코인이 도난당했을 때에는 거래 정지로 인해 가격이 급락했고, 불과 몇 시간 만에 약 20퍼센트가 하락하였습니다. 그 뒤에 곧바로 10퍼센트 정도가 상승하여 급락하기 이전 수준까지 회복을 했지만 거래소에서 발생한 문제로 몇 번이나 비트코인 가격에 큰 영향을 미쳤다는 점은 부정할 수 없는 사실입니다. 이러한 문제 중 가장 많은 경우가 인터넷상의 '핫월릿'에서 발생한 해킹에 의한 도난사고입니다. '콜드월릿'에서 발생한 문제는 틀림없이 내부 소행일 것으로 추측하고 있습니다.

거래소가 보안을 강화하지 않으면 안 되는 것은 당연하지만, 안심하고 거래할 수 있는 거래소를 선택하는 것도 중요합니다.

또, 외국에서는 국가 차원에서 비트코인을 인정하지 않는 곳도 있습니다. 러시아는 거래를 금지하고 있으며, 중국은 금융기관에서의 취급을 금지하는 바람에 가력이 폭락하였습니다.

만약 가상화폐가 범죄에 사용되고, 그것이 발각되는 순간에는 거래 정지로 이어지면서 가격이 폭락할 가능성이 매우 큽니다.

일본에서는 개정자금결제법이 시행되고 있지만 그 배경 중 하나는 '돈세탁' 대책과 테러 대책, 즉 가상화폐가 범죄에 사용되는 것을 방지하기 위한 목적도 있습니다. 필자의 회사에서는 계좌를 개설할 때 사용자의 반사회적인 사항을 철저히 검증하는 확인 절차를 거치도록 하고 있습니다. 이와 같은 검증 절차는 필수 항목이 되어야만 합니다.

미국과 유럽에서 정부가 관할하고 있는 것도 이러한 문제점을 예방하기 위해서입니다. 비트코인 거래가 급증하는 만큼 앞으로 범죄 방지 대책은 점점 강화될 것입니다.

그렇지만, 앞으로도 일시적인 거래 규제로 비트코인 가격에 영향을 미칠 가능성이 없는 것은 아닙니다. 주식시장에서도 실적 악화와 신뢰도 추락으로 주가가 폭락하는 경우가 종종 있습니다. 우량 기업이 상장 폐지까지 되는 사례가 있는 것처럼, 비트코인도 언제든지 리스크에 노출될 수 있다는 사실을 항상 염두에 두어야 할 것입니다.

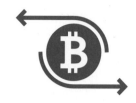

비트코인 투자, 미래에는 어떻게 확산될까

장기보유나 분산투자로 비트코인을 산다

중장기적으로 비트코인의 가격이 상승한다면 조금씩 매수해서 장기보유로 방향을 설정하는 것도 생각해볼 수 있습니다. 실제로 비트코인을 중장기적 관점에서 보유하고 있는 사람들도 있습니다.

예금처럼 금리가 붙는 것은 아니지만, 일정 수준의 조건이 만족되면 보너스로 금리가 붙는 거래소도 있습니다. 또한 비트코인 대여를 통한 수수료를 얻을 수 있는 거래소도 있습니다. 최근 일본에서는 일부 대여가 가능한 거래소가 개설되기도 하였습니다.

자산을 운용함에 있어 주식이나 채권, 금, 부동산과 같은 다양한 자산에 분산투자를 하는 것이 일반적입니다. 앞으로는 가상화폐도 이러한 분산투자처의 하나로 인정받을 가능성이 높습니다.

분산투자가 일반적인 이유는 주식이나 채권, 금, 부동산 등이 각각 다른 요인에 의해 가격이 변동한다고 생각하기 때문입니다. 어디까지나 이론상의 이야기이지만, 경기가 좋아지는 국면에서는 주식이 상승하는 반면, 경기가 과열되지 않도록 중앙은행이 금리를 올려 채권 가격이 하락하기도 합니다.

분산투자를 하는 또 한 가지 이유는 신흥국 및 선진국, 그 외 국가에서의 가격 변동폭이 다르기 때문입니다. 분산투자를 해두면 어딘가, 무엇인가의 자산 가치가 하락하여도 다른 자산이 그것을 상쇄시켜 전체의 가격 변동을 억제시키는 효과를 기대할 수 있습니다.

금은 금융위기와 정세 불안이 일어날 때 수요가 몰립니다. 국가의 경제 정책에 좌우되지 않는 비트코인도 금과 마찬가지로 어떠한 사건에 의해 가격이 상승하는 성질이 있습니다. 영국 EU 탈퇴 문제가 국제적 이슈로 떠올랐을 때 유사한 일이 있었습니다.

이러한 이유 때문에 분산투자처의 하나로 비트코인을 보유하고자 하는 사람들이 증가하고 있습니다.

금융상품에도 파생

비트코인 투자 방법도 점차 다양해지고 있습니다.

페이스북 초기 멤버였던 윙클보스 형제가 비트코인 ETF를 개발해 상장 추진 중에 있습니다.

ETF란, 특정 지수에 가격 움직임을 연동시킨 주식입니다. 예를 들어, 일본 닛케이 평균 주가에 연동하는 EFT를 사게 되면 닛케이 평균 주가와 동일한 투자 성과를 얻을 수 있습니다. 비트코인 ETF에 투자함으로써 비트코인에 투자한 것과 같은 효과를 얻을 수 있는 것입니다. 적은 돈으로 매매하기가 쉽고 레버리지를 걸기 쉬워 사용 방법에 따라서는 비트코인을 직접 매매하는 것보다 큰 이익을 얻을 수도 있습니다.

본격적인 비트코인 투자자도 등장

비트코인 거래를 생계 수단으로 하는 프로 투자자는 아직 극소수인 듯하지만, 앞으로는 FX, 주식과 같이 비트코인 데이 트레이더를 직업으로 하는 사람과 비트코인 매매로 억만장자 반열에 오르는 사람이 등장할 것으로 예상됩니다.

일본에서는 2017년 법 개정으로 인지도가 올라, 투자 대상으로서 비트코인의 잠재력이 점점 더 커지고 있습니다.

거듭 말하지만, 비트코인은 수요와 공급으로 가격이 결정됩니다.

따라서 투자하는 사람이 증가하면 수요도 증가하여 가격이 오르는 구조입니다.

2016년 하반기 기준 매매 계좌 수는 FX의 70분의 1정도이지만, 머지않아 70배가 넘을 가능성도 있다고 생각합니다. 비트코인 결제가 가능한 상점 수가 증가하면서 그 수요도 증가할 것이기 때문입니다.

제5장

비트코인은 '여기에서', '이렇게 산다'

bitcoin

거래소에서 사는 것이 가장 일반적

비트코인을 구매하는 방법에는 몇 가지가 있는데, 가장 일반적인 방법이 가상화폐거래소를 통해 구매하는 것입니다.

일본에서는 2016년 하반기를 기준으로, 10여 개의 가상화폐거래소가 개설되었으며, 이 거래소를 통해 무료로 계좌를 개설할 수 있습니다. 계좌를 개설하고 송금과 같은 방법으로 돈을 입금하면 언제든 간단하게 비트코인을 구입할 수 있습니다.

최근에는 비트코인을 구입할 수 있는 ATM(현금자동인출기)도 출시되었습니다. 일본에도 10대가 넘는 ATM이 설치되어 있습니다.

엔으로 비트코인을 사는 것도 가능합니다. 비트코인을 엔으로 바꿀 수 있는 ATM도 개발돼 있습니다. 비트코인에는 지폐나 동전과 같은 실물이 없기 때문에, ATM에 정보를 입력해 자신의 '월릿'에 비트코인 암호를 전송하는 구조입니다.

또, 'Zaif'라는 거래소에서는 '스마트 ATM'이라는 서비스를 시행하고 있습니다. 사전에 등록한 사람과 상점이 비트코인을 사고 싶은 사람, 팔고 싶은 사람의 일 대 일 거래를 대행해주는 것입니다.

앞으로는 비트코인 ATM이 증가할 것으로 예상됩니다. 증권회사와 FX회사, 나아가서는 은행에서도 비트코인을 살 수 있게 될 수 있지만, 지금 현재는 가상화폐거래소에서 사는 것이 가장 일반적이며 손쉬운 방법입니다.

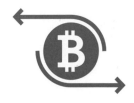

안심할 수 있는 거래소를 선택

가장 중요한 것은 관리 체제와 경영 상태

거래소를 선택할 때 어떤 기준을 가지고, 어디를 선택하면 좋은 가에 대해 간단히 정리해보겠습니다.

거래소를 선택할 때 가장 우선적으로 고려되어야 할 사항은 바로 관리 체제와 경영 상태입니다.

앞에서 이야기했지만, 거래소에서 비트코인을 도난당한 사건이 몇 차례 발생했습니다. '콜드월릿'으로 관리하여 해킹의 위험을 회피하는 것과 같은 안전 체제가 정비되어 있는지, 또 내부 직원이 범행을 저지르지 않도록 대책이 세워져 있는지를 가장 우선적으로 확인해야 합니다.

만약 거래소가 파산한 경우 예금한 돈이 사라질 가능성도 있기 때문에 건전한 경영 상태에 있는 회사인지 파악하는 것도 중요한 확인 사항입니다.

경영 상태를 확인하는 것은 어렵지만, 거래소의 운영 모체가 상장기업이라면 3개월마다 공표하는 결산자료로 재무 상태를 확인할 수 있습니다. 현재 일본 내 거래소 중 상장해 있는 곳은 필자가 운영하는 비트포인트와 J-Bits(J트러스트 주식회사) 그리고 FISCO(주식회사 피스코)까지 세 개 회사입니다.

재무 기반이 약한 거래소에서는 투자자들이 예치한 돈을 운영자금으로 사용하는 경우도 있습니다. 결산자료를 공표하고 있지 않으면 확인이 어려운 것이 현실이지만, 입소문과 같은 수단을 통해서라도 반드시 체크해야 합니다.

유동성 체크도 중요

유동성도 거래소에 따라 다릅니다.

비트코인이나 주식 매매에서는 팔고 싶은 사람이 없으면 살 수 없고, 사고 싶은 사람이 없으면 팔 수 없습니다. 유동성이란, 사고 싶을 때 살 수 있고, 팔고 싶을 때 팔 수 있는 정도를 말합니다. 거래량(취급량)이 많을수록 유동성이 높아 안심할 수 있습니다.

거래량은 공표되고 있지만 '자기매매(거래소를 운영하는 회사의 자금으로 매매하는 것)'에 의해 거래량이 증가하는 거래소도 있으니 주의가 필요합니다.

원하는 거래가 가능한가, 사용하기에 편리한가

거래소에 따라 취급하는 통화도 달라집니다.

비트코인과 이더리움은 대부분의 거래소에서 살 수 있지만, 그 외의 알트코인을 사고 싶은 경우에는 취급하고 있는 거래소 중에서 선택해야 합니다. 단, 소수통화는 유동성과 안전성도 낮을 가능성이 높기 때문에 신중하게 투자하는 것이 좋습니다.

레버리지의 배율도 거래소에 따라 각기 다르기 때문에, 레버리지 배율로 거래소를 선택하는 방법도 있습니다. 최대 배율은 25배입니다.(2016년 10월 기준)

편리함도 중요합니다. 화면이 보기 쉽다거나 조작하기가 편리하다는 것에 의해 기호와 감각이 다르기 때문에, 미리 웹사이트를 보고 확인하는 것도 좋습니다.

거래 방법 등에 대해 거래소가 제공하는 정보를 충분히 받기 원하는 경우에는 고객센터가 있는 곳을 이용하면 안심할 수 있습니다.

여러 거래소를 비교해보자

비트코인은 '아비트리지거래'를 통해 차익을 얻는 것도 가능(〈4장〉 참고)하기 때문에 복수의 거래소에 계좌를 개설하는 방법도 적극 추천합니다.

두세 곳의 거래소에 계좌를 열어 어느 거래소가 가장 사용하기 쉬운가, 매수하기 쉬운가, 매도하기 쉬운가와 같은 점을 비교해보면 좋을 것입니다.

처음부터 여러 개의 계좌를 개설하면 관리하는 것이 어렵기 때문에, 우선은 한 곳에 계좌를 열어 거래에 익숙해진 뒤, 하나씩 계좌를 늘려가는 방법이 가장 좋습니다. 여러 거래소를 시험해봄으로써 유동성의 높고 낮음에 대한 점도 실감할 수 있을 것입니다.

본격적인 투자를 하고자 하는 사람은 거래소가 갖추고 있는 거래 프로그램에도 주목할 필요가 있습니다. 거래 프로그램이란 '자동매매(가격을 설정해두면 그 가격이 되었을 때에 자동으로 매매 주문을 냄)'와 같은 기능이 가능한 것으로, 필자의 회사에서는 'FX거래'에도 자주 사용합니다. 자기 자신의 거래 기능도 만들 수 있는 'MetaTrader4MT4'라는 프로그램을 도입하고 있습니다.

가상화폐거래소도 해킹당할 수 있다

비트코인은 실물로 존재하는 것이 아니기 때문에 잃어버리 거나 도난당할 우려가 없습니다. 또한, 거래의 비밀성이 보장되기 때문에 화폐의 기능 가운데 하나인 안전성도 우수합니다. 그러나 가상화폐를 관리하는 거래소의 안전이 완벽하다고는 말할 수 없습니다. 지금까지 가상화폐거래소는 수차례 해커들의 공격 대상이 되어왔기 때문입니다.

2016년 8월 2일, 최초로 거래소가 해킹을 당했습니다. 홍콩의 거래소인 '비트피닉스Bitfinex'가 해킹 피해를 입어 비트코인을 도난당한 사건이 발생한 것입니다. 비트피닉스는 2016년 6월, 비트코인 보안업체 'BitGo'와 함께 수준 높은 안전성을 보장하는 '다중서명' 기술을 개발하였습니다. 그러나 최고의 보안을 자랑하는 이 암호통화 월릿이 대규모 해킹 공격을 당한 것입니다. 당시 비트피닉스가 도난당한 비트코인은 약 12만BTC(7,200만 달러)으로, 사용자들 역시 막대한 피해를 입었습니다. 비트피닉스의 전체 손실은

36퍼센트에 달했습니다. 이 사건은 2014년에 일어난 마운트곡스의 파산사건에 이은 가장 큰 해킹사고라고 할 수 있습니다.

비트피닉스 해킹사건으로 비트코인 급락

비트피닉스 해킹사건으로 비트코인의 가격은 일시적으로 폭락했습니다. 1BTC이 650달러였던 것이 450달러까지 수직 하락하였습니다. 그러나 곧바로 매수세가 유입되어 가격은 회복세로 돌아서 550달러 부근까지 회복했습니다.

일반적으로 이와 같은 사건이 발생하게 되면 해당 통화에 대한 신용이 무너져 사용자들이 줄줄이 매도를 함으로써 가격은 하락하게 됩니다. 그러나 비트피닉스의 사건 직후에 비트코인 가격은 일시적으로 급락하는 것에 그쳤습니다. 즉, 이 사건은 비트코인에 대한 전체적인 신용도는 하락하지 않는다는 것을 보여주는 계기가 되었다고 말할 수 있습니다. 물론 해킹의 위험에서 자유롭지 않다는 것도 입증이 됐습니다. 비트코인 시세로 분석해보자면, 수만 개 거래소 가운데 한 곳의 해킹으로 인한 도난사건으로 그친 것입니다. 일시적인 매도였던 것입니다.

비트피닉스의 사후 대처

비트피닉스는 사건 직후 자금이 유출된 사실을 인정하고,
향후 어떠한 방식으로 대처할 것인지를 밝혔습니다.
이하는 비트피닉스가 해당 사건과 관련해 밝힌 내용입니다.

《사건보고》

금일 당사는 거래 정지까지 이르게 된 보안상의 허점을 확인하였습
니다. 이로 인해 디지털 토큰의 인출 및 입금도 동일하게 정지합니다.
현재 당사는 사건에 대한 조사와 원인 규명에 힘쓰고 있습니다. 그러
나 일부 고객의 비트코인이 도난당한 것으로 판명됩니다.

(중략)

당사는 현재 도난당한 고객 계좌를 판별하는 작업을 하고 있습니다.
조사를 위해서는 고객자산 및 운용팀과 자금 담보의 조달을 해결할
필요가 있습니다.

비트피닉스는 자금의 신용거래(레버리지)를 이용하여 원금

의 몇 배의 통화를 살 수 있는 방식의 서비스를 제공해왔습니다. 때문에 이를 포함한 통화가 도난당한 것이며, 앞으로의 대응이 신용거래를 포함한 피해의 해결(완전 또는 해결 곤란) 쪽으로 가닥이 잡혀나갈 것으로 보입니다.

실제로 도난당한 비트코인을 찾아서 회수할 가능성은 낮습니다. 따라서 비트피닉스가 비트코인을 분실하게 된 고객에 대해 어떠한 보상을 할 것인지가 숙제로 남았습니다.

거래소 선별의 중요성을 일깨운 사건

거래소 보안에 대한 문제점이 비트피닉스의 사건으로 세상에 드러났습니다. 따라서 이미 비트코인 거래 및 투자를 하고 있는 사람들, 또는 앞으로 할 계획이 있는 사람들은 이 사건에 대한 명백한 이해가 선행되어야 합니다.

이와 같은 사건이 발생했다고 해서 비트코인은 무조건 위험하다고 생각하기보다 거꾸로, '비트코인이 투자 대상으로 매력적이기 때문에 도난당한 것이 아닐까', '거래소의 보안은 실제로 어떤가'와 같이 다양한 각도에서 사건을 바라볼 필요가 있습니다.

일본에 거점을 두고 있는 가상화폐거래소 목록

	취급 통화	거래 수수료	증거금거래 레버리지	보증금거래 레버리지
bitflyer (비트플라이어)	비트코인 이더리움	BTC 0% ETH 0.4%	최대 5배	없음
bitflyer (비트포인트)	비트코인 이더리움	0%	최대 25배	최대 25배
bitflyer (비트뱅크)	비트코인	0% ~ 0.1%	최대 20배	없음
bitflyer (비티시박스)	비트코인 라이트코인 도지코인	0% ~ 0.2%	없음	가상화폐 대출에 한해 최대 3배
bitflyer (코인체크)	비트코인 이더리움 이더리움 클래식 등	-0.05% ~ 0.15%	최대 5배	최대 5배
bitflyer (자이프)	비트코인 모나코인	-0.01% ~ 0%	최대 1배	없음
bitflyer (코인)	비트코인 이더리움	0% ~ 0.5%	최대 25배	없음
bitflyer (레무리아)	비트코인	0%	없음	없음
bitflyer (제이비츠)	비트코인	0% (캠페인)	최대 10배	없음
bitflyer (피스코)	비트코인 모나코인	0%	없음	없음

(2016년 10월 6일 기준)

거래소에 따라 여러 차이가 있구나.

홈페이지가 이용하기 쉽게 만들어져 있는지와
코인 구매 시의 편의성도 거래소마다 차이가 있어.
그리고 반드시 안전성도 체크해야 해.
우선 몇 곳의 거래소에 계좌를 만들어
비교해보는 것을 추천하고 싶어.

계좌를 열어 비트코인을 사보자

거래소를 선택했다면, 계좌(종합계좌)를 개설합니다.

거래소의 홈페이지에 있는 계좌 개설 신청서 양식에 필요한 사항을 입력하면 거래소로부터 접수 완료의 메일이 도착합니다. 소정의 심사가 완료되면 운전면허증이나 여권과 같은 본인 확인을 위한 서류의 제시를 요구하는 메일이 오게 되니 필요한 것은 인터넷을 통해 업로드하면 됩니다. 모든 절차가 마무리되면 거래소로부터 계좌 개설 완료를 알리는 메일과 함께 계좌번호와 로그인 패스워드가 도착합니다.

비트코인을 사기 위해서는 미리 자금을 거래소에 입금해둘 필요

계좌 개설 단계

STEP. 1	계좌 개설 신청
STEP. 2	신청 내용 확인
STEP. 3	신청 완료
STEP. 4	계좌 개설 심사 개시
STEP. 5	본인확인 서류 제출
STEP. 6	계좌 개설 완료
STEP. 7	거래 개시

〈BITPoint의 경우〉

거래소에 계좌를 만드는 데 시간이 얼마나 걸려?

거래소에 따라 차이는 있지만,
대부분의 거래소가 영업일 기준으로
하루나 이틀이면 개설이 가능해.

가 있는데, 은행에서 자신의 거래소 계좌로 자금을 송금하면 됩니다. 이때 송금 수수료는 자기부담이 됩니다. 입금을 완료한 후 거래소의 계좌에서 입금이 확인되면 바로 거래를 시작할 수 있습니다.

거래 단위는 거래소에 따라 다르지만 0.0001BTC 정도, 즉 몇 엔 단위부터 매매가 가능합니다. 비트코인 매매는 24시간 365일 거래가 가능합니다.(하루에 10분 정도의 시스템 점검 시간은 제외.)

매매 수수료 또한 거래소에 따라 다릅니다.

매매 금액의 0.2퍼센트 정도로, 일정한 비율을 유지하는 거래소와 수수료를 무료로 하고 있는 거래소가 있습니다. 수수료가 무료인 거래소에서는 살 때 금액과 팔 때 금액의 가격 차('스프레드'라고 함)가 사실상의 비용이 됩니다.

비트코인으로는 증거금거래가 가능합니다만, 증거금거래를 할 경우 종합계좌와는 별도로 '증거금거래 계좌'를 만들어야 합니다. 증거금거래는 통상적인 매매보다 리스크가 크기 때문에 금융자산을 50만 엔 이상 보유하고 있어야 한다는 것과 같은 자본금에 대한 조건과 연령에 대해 제한을 두고 있는 경우가 많습니다. 또, 증거금거래를 하는 경우에는 별도의 비용이 들기도 합니다.

비트코인 매매로 얻은 이익(매각익)은 잡소득으로 종합과세(다른 소득과 합쳐서 계산한 세액) 대상이 됩니다. 개정자금결제법에서도 이 사항이 중요하게 다뤄질 것으로 보이기 때문에, 세금과 관련한 정보에도 귀를 기울여야 합니다. 상세한 것은 거래소 또는 세무서에서 확인하면 됩니다.

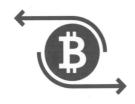

비트코인은 월릿으로 관리한다

비트코인을 관리하는 월릿

비트코인을 구매했다면, 이는 '월릿'에 넣어서 관리하게 됩니다.

거래소에 계좌를 만들어 비트코인을 구매하면, 구매한 비트코인은 계좌로 들어가게 됩니다. 계좌는 비트코인을 넣어두는 '월릿'(지갑)과 같은 것으로, 여기에서 다른 곳으로 송금을 하기도 하고 매매를 하기도 합니다.

여러 거래소에 계좌를 만들어두면 거래소마다 월릿이 생기게 됩니다.

또한, 거래소에 계좌를 만들지 않고 자신이 월릿을 만들거나 거래소의 월릿과는 별도로 여러 개의 월릿을 가지는 것도 가능합니다.

'핫월릿'과 '콜드월릿'

월릿에는 다양한 종류가 있으며, 크게 '핫월릿'과 '콜드월릿'으로 나누어집니다.

핫월릿은, 네트워크에 접속되어 있는 지갑입니다. PC 안에 두는 '데스크톱월릿', 인터넷상의 '웹월릿', 스마트폰에 넣는 '모바일 월릿' 등이 있습니다. 모두 소프트웨어나 애플리케이션을 직접 다운로드해서 그곳에 비트코인을 보내는 것입니다.

이에 반해 '콜드월릿'은 네트워크에 접속되어 있지 않은 지갑입니다. 콜드월릿에는 전용의 단말기를 사용하는 '하드웨어월릿'이 있습니다. USB로 PC에 접속하여 비트코인의 데이터를 옮겨서 사용합니다.

그 밖에도 종이로 된 지폐와 같은 느낌의 '페이퍼월릿'이 있습니다.

인쇄된 QR코드를 활용해서 비트코인의 데이터를 넣어 사용하는 것입니다. 3BTC을 넣으면 3BTC 만큼, 5BTC을 넣으면 5BTC 만큼의 가치를 가지며, 보기에는 마치 지폐와 같은 모양이지만 법정통화의 지폐와 동전이 어디에서나 사용 가능한 것에 반해 페이퍼월릿은 QR코드를 해독할 수 있는 상대가 아니면 가치가 없습니다.

₿ 비트코인 사용처

핫월릿

[어플리케이션형 월릿]

콜드월릿

[USB 접속형 콜드월릿]

[페이퍼월릿]

보통의 돈과 마찬가지로 어떠한 형태로
돈을 가지고 다닐 것인가를 선택할 수 있구나.

모든 상황에 맞는 최상의 관리 방법이라는 것이
없기 때문에, 사용 방법에 따라
관리 방법을 선택해야만 해.

콜드월릿은 해킹 등 인터넷 접속을 통한 위협으로부터 보호받을 수 있는 장점이 있는 반면, 월릿을 잃어버린다거나 단말기 고장으로 데이터를 복구할 수 없게 되면 아무런 손을 쓸 수 없다는 약점이 있습니다. 지갑을 잃어버렸을 때 발생하는 리스크와 같은 이치입니다.

이와는 반대로, 핫월릿은 해킹 등의 위협에 노출될 리스크가 있는 반면, 특정 서버에 데이터가 저장되어 있기 때문에 개인의 실수로 잃어버리는 일을 피할 수 있습니다. 은행의 카드를 잃어버려도 곧바로 신고하면 악용을 방지할 수 있는 것과 같은 이치입니다.

거래소는 콜드월릿으로 관리

그렇다면, 핫월릿과 콜드월릿을 어떻게 나누어서 사용하면 좋을까요?

예를 들면, 거래소의 계좌에 들어 있는 비트코인을 구매대금 지불 등에 사용할 경우에는 스마트폰으로 거래소 월릿에 접속하면 됩니다. 미리 스마트폰 전용 애플리케이션을 설치해두면 결제에 사용할 수 있습니다.

참고로, 비트코인은 거래소의 월릿에 넣어둘 수 있기 때문에 무리하게 다른 월릿을 가지고 있지 않아도 됩니다.

한편, 인터넷을 사용하지 않고 바로 그 장소에서 결제를 하고 싶은 경우에는 콜드월릿에 비트코인을 넣고 다니면 됩니다. 예를 들어, 3BTC을 구매했다면 1BTC만 콜드월릿에 넣고 2BTC은 거래소에 남겨두는 것도 가능합니다.

콜드월릿에는 분실과 같은 위험이 있고, 핫월릿에는 외부로부터 공격을 당할 위험이 있으므로 두 가지 경우 모두 위험에 대해 정확하게 인식해야 합니다.

대부분의 거래소에서 투자자들은 비트코인을 콜드월릿에 넣어서 관리하기 때문에 이러한 조치를 취하고 있는지를 확인한 뒤 거래소의 월릿에 넣어두는 것이 가장 안전한 방법이라고 할 수 있습니다.

가상화폐를 보관하는 전자지갑, 월릿

비트코인과 같은 가상화폐를 소유하게 되면 월릿wallet이라 불리는 전자지갑에 넣어서 보관을 하게 됩니다. 이는 은행 계좌와 비슷한 기능을 갖추고 있습니다. 즉, 비트코인 월릿이란, 비트코인을 저장해 두는 장소를 말하며 개인의 계좌에 해당하는 것입니다. 여러 곳의 은행과 거래할 경우, 거래하는 은행마다 계좌를 만들어 사용합니다. 비트코인의 경우도 거래소에 계좌를 열면 거래소마다 월릿을 만들게 됩니다. 이 계좌에서 비트코인 같은 가상화폐를 사게 되면 그 가상화폐는 자동적으로 월릿에 들어갑니다. 이후부터 월릿에서 다른 월릿으로 송금을 하거나 상점에서 결제할 때 사용할 수 있습니다. 하나의 월릿에는 비트코인만이 아니라 이더리움이나 라이트코인과 같은 다른 가상화폐도 동시에 보관이 가능합니다.

월릿의 종류

월릿의 종류에는 크게 '핫월릿'과 '콜드월릿' 두 가지가 있습니다.

핫월릿과 콜드월릿에 대해서는 '사업자'와 '사용자'의 두 가지 관점에서 설명할 필요가 있습니다. 먼저, '사업자' 관점에서 설명하면 다음과 같습니다.

우선 핫월릿은 서버에서 송금 조작이 가능합니다. 콜드월릿은 정보를 암호화하여 전자서명을 하는 비밀열쇠를 분리시켜 관리합니다. 때문에 송금 조작이 불가능합니다. 핫월릿은 주로 거래소와 같은 사업자가 사용하고 해외에서 송금을 하거나 빈번하게 소액의 송금을 하는 경우에 이용합니다. 콜드월릿은 그 반대로 인터넷으로부터 완전히 분리된 장소에 비밀열쇠를 보관하기 때문에 부정한 접근에 의한 가상화폐 위변조를 차단하는 목적으로 사용됩니다.

두 번째로 '사용자' 관점에서 핫월릿과 콜드월릿은 다음과 같은 차이가 있습니다.

핫월릿은 인터넷에 접속되어 있는 형태입니다. PC에서 만들어 인터넷상에 보관하는 '웹월릿', 스마트폰과 같은 단말기의 어플리케이션을 다운로드 하는 '모바일월릿' 등이 있습니다. 이것들은 모두 해당 애플리케이션을 설치한 뒤 그곳으로 비트코인을 송금하면 보관이 완료됩니다.

콜드월릿은 인터넷에 접속되어 있지 않은 형태의 월릿입니다. 온라인 스토리지라고도 불리며, 비트코인의 비밀열쇠를 인터넷으로부터 완전하게 격리시킨 상태로 보관합니다. 인터넷으로부터 분리시켜 놓기 때문에 사이버 공격 및 해킹을 당할 위험을 줄일 수 있는 안전한 보관 방법입니다. 콜드월릿은 주로 USB 메모리와 같은 전용 장치에 저장해 사용합니다. USB 메모리에는 인터넷 접속 기능이 없기 때문에 PC에 접속한 후 가상화폐의 데이터를 옮겨서 송금해야합니다.

한편, USB 메모리는 파손될 위험이 있기 때문에 더욱 안전한 보관을 위해 종이에 인쇄해두는 방법도 있습니다. 이것을 '페이퍼월릿'이라고 부릅니다. 금고에 넣어두면 보다 안전하게 사용할 수 있습니다. 페이퍼월릿과 콜드월릿은 같은 의미에서 가상화폐를 보관하는 데 가장 안전한 관리 방법으로 알려져 있습니다. 정보를 꺼내 종이에 보관을 하는 것이 다소 귀찮을 수 있지만, 큰 금액을 운용할 경우에 많이 사용되는 방법입니다. 따라서 빈번하게 자금을 이동시키지 않는 경우에는 페이퍼월릿으로 관리하는 것이 좋습니다. 거래소의 월릿은 핫월릿이라고 생각하기 쉬우나, 대부분의 거래소는 사용자의 가상화폐를 콜드월릿에 보관하고 있습니다. 이 부분은 거래소에 따라 관리 방법이 다르기 때문에 계좌를 만들 때 꼭 확인해야 합니다.

두 가지 월릿의 장점과 단점

핫월릿과 콜드월릿에는 각각 장점과 단점이 있어 어느 쪽이 더 좋다고 말할 수는 없습니다. 핫월릿은 인터넷에 접속되어 있는 상태라 해킹을 당하면 가상화폐를 잃어버릴 수도 있습니다. 또한 사용하는 단말기가 바이러스에 감염되거나 해킹으로 월릿을 도난당하게 되면 비트코인을 분실할 수도 있습니다. 현 상황에서는 이러한 문제에 대한 대비책이 없습니다.

한편, 콜드월릿은 해킹 피해를 막을 수 있지만, 지갑과 마찬가지로 분실을 하거나 저장장치가 고장이 나면 가상화폐를 잃어버릴 수도 있습니다. 저장장치가 고장이 났을 경우에는 비트코인을 영원히 분실할 수도 있다는 겁니다. 코인은 존재하지만 코인을 사용할 수는 없게 되는 것이지요. 2013년에 당시 가치로 7억 엔 상당의 비트코인을 하드디스크에 보관해두었던 일본 남성이 이사를 하던 중에 이를 쓰레기로 착각해 잘못 버린 일이 있었습니다. 콜드 월릿은 이와 같은 분실과 고장의 위험이 있는 것 외에도 저장장치 자체를 도난당할 위험 또한 있습니다. 기본적으로 거래소의 콜드월릿에 보관해두면 거래, 결제, 송금에도 곧바로 대응할 수가 있으니 이편이 더 효율적으로 비트코인을 사용할 수 있다고 생각합니다.

2014년 3월 3일, 비트코인 취급 업체인 'Flexcoin'이 서비스를 정지하였습니다. 그 이유는 해킹을 당해 비트코인을 도난당했기 때문입니다. 도난당한 날짜는 2014년 3월 2일입니다. 비트코인은 데이터 기반이기 때문에 한 번 해킹을 당하면 모든 비트코인을 도난당할 수 있습니다. 이 때문에 서비스 접속이 불가능해졌고, 사고 바로 다음 날 서비스를 정지하였습니다.

그러나 Flexcoin에서 관리하고 있던 모든 비트코인이 도난을 당한 것이 아닙니다. 당시 Flexcoin에서 발표한 자료 중 해당 부분을 살펴보겠습니다.

Flexcoin은 해킹 공격을 받아 핫월릿의 모든 비트코인을 도난당했습니다. 하지만 콜드월릿의 비트코인은 공격을 받지 않았기 때문에 고객에게 반환하겠습니다.

콜드월릿은 인터넷에 접속하지 않은 상태로 보관하기 때문에 해킹 공격이 불가능합니다. 따라서 핫월릿이 해킹의 대상이 된다는 것을 알 수 있습니다.

거래소에서 구입한 비트코인은 보통 거래소의 월릿으로 관리합니다. 그중에는 상당한 금액의 비트코인을 거래소 월릿에 보관해두는 사람도 있습니다. 이럴 경우 자신만의 전용 월릿을 만들어 비트코인을 거래소에서 자신의 월릿으로 옮겨두는 편이 안전하다고 할 수 있습니다.

비트코인은 점점 보급이 확대되고 가격 또한 급등하고 있습니다. 그에 따라 투자 대상으로서의 매력도 점점 커지고 있습니다. 이런 매력이 때문에 해킹 범죄 가능성이 점점 커지고 있는 것입니다.

사실상 비트코인을 100퍼센트 안전하게 보관하는 방법은 없습니다. 이 점이 비트코인의 최대의 약점이기도 합니다. 앞으로 기술적 진보가 기대되는 부문입니다. 누구나 안전하게 보관할 수 있는 방법을 개발하는 것 자체가 하나의 비즈니스로 성립할 가능성도 있습니다.

신뢰할 수 있는 거래소를 선택하자

이상의 설명을 바탕으로 콜드월릿과 핫월릿의 안전성에는 매우 큰 차이가 있음을 알 수 있습니다. 그렇지만 비트코인을 도난당할 것이 걱정돼 USB 메모리에 저장하거나, 페이퍼월릿 형태로 만들어 금고에 보관해두기만 한다면 사용할 수가 없게 됩니다. 비트코인은 인터넷상에서 사용할 때야 말로 이용가치가 높고 편리성 또한 경험할 수 있습니다. 따라서 신뢰할 수 있는 거래소를 선택하는 것이 매우 중요합니다. 물론, 신뢰할 수 있는 회사를 판별한다는 것이 쉬운 일은 아닙니다. 그렇지만 각 회사는 보안에 대한 설명을 홈

페이지에 기재하고 있습니다. 적어도 안전성에 대한 세심한 주의를 기울이고 있는 회사임을 확인 한 후에 거래를 시작하는 것이 좋습니다.

실생활과 마찬가지로 자신의 지갑은 자신이 지키지 않으면 안 됩니다. 비트코인 덕분에 과거에 비해 송금이 훨씬 간단해졌습니다. 이와 같은 뛰어난 기능 뒤에는 안전에 관한 걱정도 동반하지만, 비트코인을 바르게 잘 사용한다면 높은 수준의 안전을 보장받을 수 있습니다.

현재 일본은 2017년 개정자금결제법의 시행을 전후로, 비트코인을 포함한 가상화폐가 화제에 오르는 일이 많아지고 있습니다. 지금까지 비트코인에 흥미가 없던 사람들에게도 비트코인은 무시할 수 없는 존재가 되어 갈 것이라고 생각합니다.

비트코인에 흥미를 가진 사람들이 증가할수록 FX회사가 비트코인을 취급하게 될 가능성이 높아질 것이며, 가상화폐가 '재산적 가치를 가지는 통화'로 정식 인정을 받음으로 인해 증권회사와 은행 또한 비트코인을 취급할 가능성이 크다고 말할 수 있습니다. 머지않아 비트코인으로 주식을 사거나, 은행에 비트코인을 예금할 날이 올지도 모릅니다. 앞으로는 인터넷에서도, 거리의 일반 상점에서도 비트코인으로 결제가 가능한 곳이 늘어날 것입니다.

정보기술, 금융기술의 진보는 우리의 생활을 크게 바꾸어놓고 있습니다.

예를 들면, 손목에 찬 시계로 본인 확인이 가능하여 자동으로 결제가 이루어지는 기술이 실용화된다면, 결제라는 행위 그 자체가 필요 없어질 가능성도 있습니다. 상점 안의 물건을 훔치는 범죄를 사라지게 하는 이점을 얻을 수 있을지도 모르겠습니다. 이러한 시대에 있어 블록체인이라는 혁신적인 기술을 사용한 비트코인은 중요한 역할을 담당할 것으로 생각됩니다. 지금은 매우 새롭게 느껴지는 비트코인이 몇 년 후에는 당연한 것으로 되어 있을 것입니다.

불과 얼마 전까지만 해도 인터넷으로 물건을 산다는 것에 대해 저항감을 가진 사람이 많았습니다. 하지만 지금은 인터넷으로 주문을 하면 다음 날 또는 당일 배송되는 서비스도 증가하여 인터넷으로 물건을 사는 것은 많은 사람에게 '당연한 일'이 되었습니다.

이와 같은 일이 비트코인에도 똑같이 일어날 가능성이 매우 큽니다. 지금은 많은 사람이 '비트코인으로 물건을 사다니……'라고 생각하겠지만, 10년 후에는 '지갑을 가지고 다니는 것이 더 이상하다'는 말을 듣게 될지도 모릅니다.

제가 경영하고 있는 비트포인트의 모회사인 주식회사 리믹스포인트는 'We are the ChangeMaker'라는 말을 슬로건으로 내걸었습니다. 이것은 '항상 변화에 대응하고, 변화를 만들어 나가는 사람이 되라'는 의미입니다. 가상화폐를 둘러싼 시장 환경이 변화하는 중에 새로운 기준을 제공해 나가는 역할을 할 수 있도록 앞으로도 계속 노력해 나아갈 것입니다.

시대는 항상 변화해 갑니다. 이 책을 읽고 조금이나마 독자 여러분이 비트코인에 흥미를 가지게 된다면 매우 큰 보람을 느끼게 될 것입니다.

비트코인 구입은 1엔부터 가능합니다. 우선은 0.0001BTC만이라도 가져보는 것부터 시작해보세요.

마지막으로, 이 책의 출간을 위해 주식회사 마스터피스의 모든 임직원과 작가인 다카하시 하루미씨, 당사의 스태프들로부터 많은 도움을 받았습니다. 또한, 가상화폐에 관한 법률과 최신 정보를 많은 분으로부터 제공받아 이 책이 완성되었습니다. 지면을 빌려 감사의 뜻을 전합니다.

오다 겐키

지금 대한민국에서 가상화폐란

"비트코인은 사기다!"

2017년 9월 중순, 세계 1위 금융 재벌인 투자은행 JP모간 체이스의 제이미 다이먼 회장이 쏟아낸 말입니다. 그의 폭언은 그만큼 비트코인이 성장을 했고, 기존 금융권력의 정점인 JP모간의 경쟁상대로 떠올랐다는 의미로 해석됩니다.

다이먼 회장은 가상화폐 비트코인은 결국은 무너져 내릴 것이라며, 비트코인을 거래하는 직원은 해고하겠다고 경고하기도 했습니다.

미국을 비롯해 대한민국 및 일본, 중국의 평범한 시민들이 앞다

튀 비트코인에 뛰어들고 있습니다. 주식만큼 중요한 투자수단으로 떠오른 것입니다. 비트코인은 인터넷이 전 세계에 보급됨에 따라 혁신적인 암호기술(블록체인)로 탄생한 화폐혁명이라 불립니다. 비트코인이란 무엇인가. 한마디로 말하면 '가상화폐'입니다. 비트코인은 인터넷상에서 사용 가능한 화폐로 '가상화폐', '암호통화', '디지털통화' 등으로 불리고 있습니다.

지금도 지속적으로 발전하고 있는 비트코인은 '달러'나 '엔' 이상으로 편리성이 높고 안정적입니다. 달러를 대신해 전 세계에서 이용 가능한 차세대 통화를 목표로 하여 만들어진 가상화폐입니다.

'화폐'라는 단어에서부터 그리고 '코인'이라는 단어에서부터 알 수 있듯이 비트코인은 돈입니다. 그러나 '가상'이라는 말은 달러와 엔과는 달라서 손에 쥐거나 눈으로 볼 수 있는 형태가 없습니다. 크게 'B'라고 새겨져 있는 동전이 존재하는 것이 아니니까요. 비트코인은 말 그대로 '가상'의 '화폐'인 것입니다.

2017년 8월 16일, 국내 가상화폐거래소 가운데 가장 높은 시장점유율(약 75%)을 차지하는 '빗썸' 거래액이 2조 6,000억 원에 달했습니다. 같은 날 코스닥 시장 총 거래액은 2조 2,000억 원대였지요. 비트코인이 코스닥 시장을 넘어선 날입니다. 금융권에선 가상화폐 거래 규모가 전체 주식시장을 뛰어넘을 날이 곧 온다는 이야기까지 나옵니다. '카카오톡'이라는 강력한 SNS 플랫폼을 기반으로 은행까지 진출한 카카오가 가상화폐 거래시장에 뛰어들겠다고 나선 것도 같은 맥락으로 해석됩니다. 이미 대한민국에서 비트코인은 부동산, 주식에 다음가는 투자 수단으로 불릴 정도지요.

비트코인은 각국의 통화와는 달리 역사가 짧습니다. 다양한 가상화폐 가운데 가장 점유율이 높은 게 비트코인입니다. 화폐로 인정할 것인가 말 것인가를 둘러싸고 지금까지도 학자들 사이에서 의견이 분분합니다. 그만큼 비트코인의 영향력이 커진 것입니다. 비트코인의 핵심 기술로, 거래의 투명성과 비용 '0'를 목표로 하는 블록체인의 발상은 획기적입니다. '전 세계의 화폐가 하나로 연결된다'는 미래의 돈이라는 형태에 가까워진 느낌입니다.

현재 각국의 법정통화의 가치는 국가의 경제 규모와 신용으로 결정됩니다. 화폐를 발행하는 국가의 신용이 가치를 보장함으로써 일정한 가치가 생겨나게 되는 구조를 지니고 있습니다.

이에 반해 가상화폐는 발행처가 국가의 중앙은행이 아닌 비(非)중앙집권을 전제로 하고 있습니다. 특정 기관이나 단체가 발행권을 가지지 않으며, 네트워크상에서 가치를 담보하도록 한 획기적인 구조를 지니고 있습니다.

중앙은행에서 관리하지 않는 것의 장점은 무엇일까요? 전혀 모르는 사람들 사이에서 돈을 주고받는 직접적인 거래를 하는 것이 수월해집니다. 이것이 오늘날의 소셜 네트워크 서비스 회사에서 사용 가능하게 된다면 새로운 비즈니스의 탄생으로 이어질 것을 기대할 수 있습니다.

비트코인은 달러나 엔과 마찬가지로 전 세계인의 일상생활 속에서 사용 가능하게 되는 것을 목표로 만들어졌습니다. 가상의 화폐이기 때문에 지폐나 동전의 형태로 존재하지는 않지만, 대신에 컴퓨터와 스마트폰을 지갑 대신으로 해서 물건을 사고파는 일이 가능하도록 만들어져 있습니다.

현재 우리가 사용하고 있는 모든 국가의 돈은 각국 정부의 통제를 받습니다. 그런 점에서 비트코인은 처음으로 국가가 관리하지 않는 돈의 가능성을 세상에 제시한 것입니다. 현재의 시점에서 성공할 것인지 실패할 것인지는 모릅니다. 그러나 지금까지 없었던 가능성을 보여주었습니다. 비트코인은 세상의 모든 사람들을 위한 돈이 될 수도 있습니다.

지금까지는 미국 달러와 일본의 엔화와 같이 강대국이 보증한 돈이 국제 기축통화의 역할을 해왔습니다. 하지만 비트코인은 국경이라는 기존의 개념을 깨고 앞으로 더욱 큰 경제활동을 인류가 실현할 수 있도록 하는 가능성을 품고 있습니다.

비트코인은 인터넷에 접근만 할 수 있다면 국경도 관계없이 세계 어느 곳에서나 사용할 수 있습니다. 즉, 인터넷상의 돈인 것입니다. 따라서 쓰이는 곳이 다양하다는 큰 장점 또한 지니고 있습니다.

국경을 넘어서 하는 송금의 경우도 비트코인을 사용한다면 기존의 은행 송금보다 훨씬 저렴한 비용으로 해결할 수 있습니다. 인터넷을 이용하여 세계의 오지에도, 히말라야의 높고 깊은 산에도 정보를 전달할 수 있게 되었습니다. 내전이 발생하고 있는 국가나 국교가 단절된 나라의 기존 화폐의 송금은 불가능하지만, 비트코인은 가능합니다. 지금까지 불가능하다고 생각되었던 일이 가능해지는 꿈의 화폐라고 말할 수 있겠지요.

이상에서 살펴보았듯이 비트코인은 세상의 여러 방면에 새로운 것을 가져올 것입니다. 또 지금까지 생각하지 못한 새로운 비즈니스의 기회도 생길 것입니다. 아직까지 계속 발전하고 있는 단계지만 전 세계에서 이용 가능한 차세대 화폐로 자리매김할 가능성이 커 보입니다.

이처럼 비트코인이 세계의 화폐로서 가능성을 인정받으면서, 그 가치도 급상승하기 시작하였습니다. 이 책을 읽고 있으면 독자들 또한 비트코인의 가치가 쑥쑥 상승하고 있다는 것을 알게 되면서 투자하고 싶은 기분이 강하게 들것입니다. '가격 변동이 심하다고? 거꾸로 잘 된 일이지!'라며 투자심리가 강하게 형성될 것이라고 생각합니다. 새로운 투자처를 찾고 있는 독자들은 안전 면에서 신뢰할 수 있는 거래소를 잘 찾는 게 중요합니다.

그런 점에서 이 책은 초보자들이 비트코인을 이해할 수 있는 최적의 안내서입니다. 한 시간만 투자하면 됩니다. 나에게는 멀어 보이기만 한 비트코인을 이 책을 통해 친구로 삼아 보시면 어떨까요.

2017년 한가위를 앞둔 파란 하늘 아래서 기득권의 오기를 지켜보며

옮긴이 김태진, 조희정

실전 가상화폐사용설명서

초판 1쇄 발행 2017년 10월 18일
초판 2쇄 발행 2017년 12월 5일

지은이 오다 겐키
옮긴이 김태진, 조희정

펴낸이 김문식 최민석
디자인 엄혜리
제작 제이오
펴낸곳 (주)해피북스투유
출판등록 2016년 12월 12일 제2016-000343호
주소 서울시 마포구 성지1길 32-36 (합정동)
전화 02)336-1203
팩스 02)336-1209

ⓒ 오다 겐키, 2017
ISBN 979-11-88200-29-0 03320